书道

名家名编谈做书

主　编－张艺兵
副主编－唐　勇　刘项鹏

SHU DAO
MINGJIA MINGBIAN TAN ZUO SHU

GEP 广西教育出版社·南宁

图书在版编目（CIP）数据

书道：名家名编谈做书 / 张艺兵主编；唐勇，刘项鹏副主编 . -- 南宁：广西教育出版社，2024. 10.
ISBN 978-7-5435-9508-8

Ⅰ. G23

中国国家版本馆 CIP 数据核字第 20246PZ682 号

项目策划：张艺兵
项目统筹：石立民　张星华
责任编辑：罗　婕　陈亚菲　周栩宇
特约编辑：林春燕
责任校对：陆婚澄　唐　雯
封面设计：刘瑞锋［广大迅风艺术］
版式设计：李浩丽
责任技编：蒋　媛

出 版 人：石立民
出版发行：广西教育出版社
地　　址：广西南宁市鲤湾路 8 号　邮政编码：530022
电　　话：0771-5865797
本社网址：http://www.gxeph.com
电子信箱：gxeph@vip.163.com
印　　刷：广西民族印刷包装集团有限公司
开　　本：787mm × 1092mm　1/16
印　　张：9.25
字　　数：120 千字
版　　次：2024 年 10 月第 1 版
印　　次：2024 年 10 月第 1 次印刷
书　　号：ISBN 978-7-5435-9508-8
定　　价：35.00 元

序

聂震宁

广西出版传媒集团2020年、2021年、2022年、2023年连续4年先后举办“社长总编辑谈做书”“骨干编辑谈做书”“名家名编谈做书”“青年编辑谈做书”沙龙活动，其中“社长总编辑谈做书”举办了15期，“骨干编辑谈做书”举办了18期，“名家名编谈做书”举办了10期，“青年编辑谈做书”举办了18期。沙龙活动一经举办，反响良好，参会的编辑们特别是年轻编辑们纷纷表示，在约两个小时的沙龙活动中，一批爱做书、会做书的资深编辑、骨干编辑和青年编辑分享了一个又一个精彩的书刊编辑故事，从这些真诚而激情的讲述中大家获得很多宝贵经验，得到许多启迪，尤其重要的是，增强了职业使命感和责任感，提振了实现出版高质量发展的信心和决心。广西出版传媒集团这项活动引起了行业主流媒体的关注，《中国新闻出版广电报》在头版头条做了报道，并刊发社评，给予了高度评价，认为这是造就一支能力突出、业绩突出，有专业能力、专业素养、专业精神的优秀人才队伍，为实现出版高质量发展提供人才保障的创新举措和具体行动。

囿于时间和场地原因，广西出版传媒集团之外的出版单位的许多编辑无法参与沙龙活动，集团内部的不少编辑也无法到活动现场听讲、交流，成为大家的一件憾事。为了弥补这个遗憾，广西出版传媒集团张艺兵总经理策划将沙龙活动嘉宾的分享内容整理成文结集出版，使之成为编辑们业务学习交流的一份鲜活生动的资料。在图书付印前，艺兵总经理请我写一篇序言，我欣然应允。一是因为我曾经是广西出版业的一员，有责任有义务为家乡的出版事业发展和人才培养出力；二是因为广西出版传媒集团通过举办这样的业务交流活动，将从业人员的目光聚焦到怎样做好书上，创新了人才培养培训方式，为出版行业练好内功、夯实基础、多出精品做了有益的探索；三是因为把这些生动鲜活的内容整理成文并结集出版，读者们可以在阅读众多好书的同时还能具体了解一众优秀编辑在做书过程中的匠心和创意，有利于引起他们更加强烈的阅读兴趣，有利于培育图书市场。

我认为，广西出版传媒集团举办的“谈做书”沙龙活动的经验值得总结和推广。

这项活动凸显了编辑人才培养的重要性。出版单位最核心的人力资源是骨干编辑。一家出版社的社长、总编辑可能会因为工作需要轮换调整，但只要出版社拥有一支稳定、专业、强大的骨干编辑队伍，业务板块就不会动摇，图书质量就不会降低，出版社可持续发展就得以保证。

这项活动体现了出版事业的薪火相传。从“社长总编辑谈做书”“骨干编辑谈做书”到“名家名编谈做书”“青年编辑谈做书”，社长、总编辑和名家名编展示了出版生涯中的深厚情怀和广博见识，而中青年骨干编辑展现了新生代出版人的创造力与活力，让我们看到了出版事业的后继有人与薪火相传，体现了出版人的整体职业素养，这也可以看成“广西出版”品牌的一个缩影和印证。

这项活动助推了编辑出版理念的形成与提升。对于所有登台的分享者，精心准备并登上讲台高质量完成一场出版业务演讲，都是一个“实践—经验—理念”的总结提升过程，是从“知其然”到“知其所以然”的思维深化过程，无疑非常有益于编辑出版理念的形成和提升。年轻的骨干编辑在登台演讲时难免会感到一定的压力，然而机会难得，意义不凡。每一次登台都是他们的一次蜕变，每一次登台都意味着他们有机会对自己的出版实践做一次系统梳理，意味着他们对出版业又有了一次理性思考，其专业精神、专业素养、专业能力将得到一次更大提升。

这项活动扩大了出版行业在社会上的影响。据说，这 4 个沙龙活动虽然是出版业内人员探讨业务的活动，主办方却能每期邀请 10 名左右的社会人士参加，让他们有机会了解图书出版的“奥秘”和“门道”，感受做书的辛苦和甘甜，有效扩大了出版这一专业行业在社会上的影响。

翻阅书稿，我的强烈感受一是“真诚”，二是“实用”。书中无论是社长、总编辑、名家名编，还是骨干编辑、青年编辑，无不以真诚的态度和真挚的语言来分享自己的出版经历。他们毫无保留地分享自己的成功与挫折，毫不吝啬地分享自己的经验感悟，其中有编辑出版业务的 ABC，更有对职业的情怀和道德操守的认识，还有对职业的价值和趣味的体会，而这一切，全都出自演讲者的真诚态度。书稿中列举了大量真实且翔实的出版案例，读来相当实用。其中既有做长销书、畅销书的案例，也有做教材教辅的案例，还有做期刊、音像电子产品的案例，基本涵盖了目前的主要出版形态。可以相信，编辑们特别是年轻编辑们倘能认真阅读、理解这些案例，应当会有亲耳聆听编辑出版前辈谆谆教导的亲切感觉，也会有同行间业务交流推心置腹的真诚感受，对于自己今后的快速成长大有裨益。

为此，我真诚地建议业内编辑同人们，特别是年轻编辑同人们都能认真阅读这 4 本书，同时还真诚地希望大家都能把自己做书过程中的点滴感受和体会记录下来，以此促进更多的业务交流，在业内经常开展谈做书沙龙活动。在忙碌的编辑出版工作中，我们不妨抽点儿时间回望来路，重温初心，检视得失，不断提升。做出版不是一朝一夕的事。出版即人生，做有价值的出版就是过一种有意义的人生，需要我们出版人经常去体验、回味和沉思。

全面建设社会主义现代化国家靠人才，实现中华民族伟大复兴靠人才。党的二十大把人才的重要性提到了前所未有的高度，明确提出“强化现代化建设人才支撑”。我们出版业要实现高质量发展，当然要靠更多优秀人才的支撑。为此，出版业必须进一步加大人才培养力度。出版人才的培养不是一朝一夕之功，需要有从点滴做起的实干态度，需要有久久为功的定力和韧劲，更要把坚持新时代精神放在首位。希望广西出版传媒集团继续创新出版人才培养机制，积极探索出版人才培养新模式，不断提高出版人才培养质量，为全国出版人才培养提供“广西经验”。

是为序。

2024 年 7 月 31 日

目录

摆在面前的出版难题

·徐　海·

说到现行出版，我有以下两点体会。

体会一：我已经离开了江苏人民出版社社长岗位，现在经常到集团单位去，了解各个出版板块的宏观经营，也会参与其他各种经营活动。我现在对细节的把握、对管理的体会，跟当社长时不一样。江苏凤凰出版传媒集团（下称“凤凰”）旗下拥有 9 家出版社，我基本上半个月到 20 天就会到其中一家出版社参加他们的选题论证会，同时会参加他们的经营分析会。我通过不断参加这两种会议有了切身体会：一旦离开了出版社，我所谈的东西都是隔靴搔痒。

体会二：出版行业这几年变化非常快，更是遭遇了千年未有之大变局。一千多年前，我们有了印刷术，将文字印在纸张上，然后从纸张这种载体发展到现在的无载体出版。虽然我们出版还没有剧烈变革到像广播电视和报纸那样的程度，现在很多报社都是以非主营收入来代替主营收入。但即便如此，我认为目前出版行业确实是困难的。

2019 年末以来，全民阅读和图书生产发生了很大的变化。

首先，全民阅读率增速放缓。最近我做了一个调研，结果显示，2022 年前 4 个月凤凰的发货量、回款率都是下降的。我每个月都会召开一次编委会，统计各个出版单位的生产经营情况是正常、良好、波动还是向坏。2022 年 5 月 10 日召开的编委会上，有两家出版社汇报说经营有波动。我非常着急，立刻找了这两家社的社长了解情况——为什么会有波动？我深知只要有波动或向坏，就意味着可能会形成一个趋势。

再者，我们面临的生产困难主要有以下几点。

一是组稿困难。有段时间，我们没办法出差，都是通过线上与作者沟通交流，很难进行有效催稿。那时我们的生产量总体还可以，但那都是以前积累的稿件，后面如果不快马加鞭组织稿件，生产量就会受很大的影响。

二是运营受影响。市场上纸张价格大幅上涨，但能不能通过提高图书定价的方式盈利，这不好说。因为图书不是刚需产品，如果提高定价，可能会造成销量下降。还有一部分教育类产品的定价是固定的，价格不能变动，随着纸张价格上涨，成本也就跟着上涨，如果通过更换较差的纸张来控制成本，那么图书质量很难保障。

三是发行困难。2022 年 1—4 月，凤凰旗下的几家出版社才出版了 4 本新书，这是远远不够的。一个出版单位，每年至少应该有 200 本新书，出得多的有 1000 多本，当时我们的新书数量与目标相差甚远。

四是把握出版内容难。我们本着对读者负责的态度，会认真地做好出版工作，将出版质量抓得很紧，因此凤凰所有的编辑压力巨大，每个人都很焦虑。近来大众的反馈披露了很多图书内容和质量方面的问题。但是如果大众密集地去查找出版社的错误并将之无限放大成为风气，或仅凭自己的主观臆断谈论图书导向问题造成社会舆情来博取关注，这就会无限地增加编辑以及出版社的压力。如果全社会对图书市场的悲观看法和负面看法占据主导地位成为现实，大力推动全民阅读是不会实现的。

我在江苏人民出版社当社长的时候也很焦虑，精神崩溃的时候非常多，因为有限的产量支撑不了市场。我们想做产量，但有限的编辑无法完成生产任务。2019 年末至 2022 年，凤凰每年出版的新书直接从 7000 多种降到 5000 多种。尽管各个出版业务前几年都要求压缩品种，提高单品种效益，但降低品种数以后并不能保证单品种效益就会提升，况且读者的阅读需求变得更加广泛，也更加多元化。如今，想找到一本现象级的畅销书比过去要难得多，10 年前 100 万册以上的超级畅销书很多，现在基本没有。出版社想提高单品种效益，往往投入很大精力却事与愿违，所以通过压缩品种提高单品种效益是否可行还值得探讨。

综上所述，我们面对着阅读人数减少、生产产量跟不上、发行困难等问题。针对这些难题，我们可以通过调整供给侧结构性改革，推动好书上市，满足阅读的需求。如果供给侧不足，需求侧也不足的话，经济就会萧条，图书市场也会随之萧条。

未来，我们要做好以下几个方面的出版工作，才能更好地应对困难。

一是做好主题出版。主题出版对一个出版单位来说非常重要。目前很多出版单位都在不断尝试主题出版，但要做好主题出版非常难，主要体现在几个方面：第一，涉及党史的重要理论和重要思想表述的学习资料、学习读本等只有几家出版社能做，大多数出版社做不了。第二，主题出版图书基本都要送审，而送审的时间无法把握。第三，主题出版图书的市场发行非常困难。很多出版社都在开发一些主题读物，但都不是很成功。

那么凤凰是怎么做主题出版的呢？我 10 年前就研究主题读物，所以我们现在坚决不做那些切口很大的主题读物，而是做切口非常小的主题读物。事实上，这几年入选中宣部主题出版重点出版物的选题切口都是非常小的。比如《向北方》这本书，由李红梅、刘仰东合著，题材非常稀缺，记叙了中华人民共和国成立前夕，各民主党派、社会贤达响应中共中央发布的“五一口号”，在中共中央的精心策划组织下，冲破重重封锁，排除百般阻挠，从香港秘密北上至解放区的这一过程。惊心动魄的情节设计令人叹服。这本书入选了2021年中宣部主题出版重点出版物以及2021年度“中国好书”。又比如译林出版社出版的《我心归处是敦煌：樊锦诗自述》，这本书是根据文化名家的自传来做的，一出版立即横扫各大年度榜单，发行达30万册。同时，我们还在做有关竺可桢、陈从周等人的传记，这些选题都是非常独特的。我们正在梳理相关内容，在一般性选题的基础上，渗入一些主题内容，使其变成双效俱佳的主题读物。

二是做好高质量发展。根据国家新闻出版署印发的《出版业“十四五”时期发展规划》，推动出版业高质量发展是“十四五”时期出版业发展的主题。但真正做好高质量发展很不容易，必须做好以下几个方面。

1. 做好选题开发

我国的原创水平不足，要找到优秀作者写书是非常困难的。前几年在人文社科书的一些推荐书单上，我们发现每10本书里有8本是从国外引进的，但引进版书籍很难通过审批。国内创作的积极性也不高，创作远远没有达到繁荣的状态，一些文史类畅销书都是有关古代历史的，并且大多数好书都是由很多老作品重新结集而成的，这并不能给市场提供源源不断的优质新作。

针对上述问题，凤凰从以下两个方面入手，做好选题开发工作。

一方面，深挖每一位作者。具体而言，就是深挖作者的潜力，在同一位作者身上挖出更多选题。比如北京大学原哲学系（宗教学系）主任赵敦华教授撰写的《基督教哲学1500年》非常畅销，后来我们又约他写了一本书——《马克思哲学要义》。这本书出版时正值马克思诞辰200周年之际，被列入中宣部主题出版重点出版物选题，并于2021年入选第五届中国出版政府奖提名奖。因为赵敦华教授的学术水平非常高，这两本书写完之后，我们反复挖掘他的别的题材。他根据我们的要求，又写了《我思故我道》。大概是这本书卖得非常好，他受到鼓舞，于是请出版社对很长时间没有重印的《基督教哲学1500年》进行重印。随后，我们又请他写了《中世纪哲学长编》。这就是不断地深挖一位作者的典型案例。

另一方面，对原有作品进行改造。比如译林出版社2022年出版的《卓别林自传》在很多年前出版过。译林出版社把这本老书重新进行翻译和修订，使之变成一本新书。这本书出来之后取得了不错的销售成绩。又比如我策划出版的《我的学术小传》一书。2018年，江苏省政府为了庆祝改革开放40周年，启动了一个重大的出版工程——汇集40年来的名人学术文章并做成“江苏社科名家文库”丛书，但我认为这套书对名家胡福明的挖掘不够深入，它只写了《实践是检验真理的唯一标准》发表前后的故事。除此之外，胡福明还有很多闪光点可以写。2022年是《实践是检验真理的唯一标准》这篇重大文章发表44周年，我请胡老把汇集他学术成果的《我的学术小传》这本书的内容进行拓展，并拉长篇幅。最后，这本书从原来的3章变成了5章，字数增加到了十二三万，变成一本内容全面、影响力巨大的学术小传。现在每到《实践是检验真理的唯一标准》发表的纪念节点，我们都可以把这本书拿出来进行宣传。这是对原有作品进行改造的一个很好的例子。

2. 招聘好编辑

编辑是出版社的核心，想要提高编辑队伍的质量，首先需要招聘到好的编辑。近年来，凤凰的编辑招聘质量呈“U”型走势，前几年招聘的编辑质量呈下坡趋势，现在质量又有所提高。2022年我们招聘了100名编辑。最开始报名的约有1万人，其中博士100多名，很多报名者来自985高校。过去招聘985高校毕业的人才非常难，尤其是七八年前，但是近3年入职的985高校毕业生占据了入职者的大多数。出版社是以编辑为中心的，编辑是所有生产的核心，缺少好的编辑，就不可能把书做好。

在我看来，出版集团要以出版事业为中心，而出版事业要以编辑为中心，这样才能做好出版。但我们要引进优秀的编辑非常难，因为出版社收入不高，工作压力又非常大。

那么，我们要如何获得优秀的编辑呢？第一，把关好招聘环节。招聘时，淘汰不符合条件的应聘者。我们集团每家出版社一年启动两次编辑招聘，集团领导都要到各家出版社跟他们一起去招聘人才。只有优秀的编辑源源不断地加入凤凰，凤凰才有希望。第二，对招聘进来的编辑进行大量培训，让他们尽快适应岗位。凤凰有一整套的培训体系，对新进编辑进行系列培训、集中培训、单独培训等，集团领导和各社总编辑等都会按计划给他们讲课，帮助新编辑提高业务能力。第三，采取"师父带徒弟"的方式，也叫"定点帮扶"，以师父带徒弟的方式，手把手帮助新编辑提高业务能力。第四，以重大项目带动编辑成长。我来凤凰之前，凤凰旗下很多出版社的新编辑没有人带，他们"自生自灭"，很多人干了几年就走了。而且，新编辑没有得到培训就直接投身工作岗位，也没有机会做好的选题。这些都不利于编辑的成长，不利于培养好的编辑，所以现在我们每年都有新青年优秀编辑成长计划，并且对新编辑持续跟踪培养。

得到优秀编辑后，还要能留住人才。现在有一些优秀编辑的收入并不高，想要留住他们，就必须让他们有较高的收入。为此，我们在 3 年的编辑孵化期，在他们工资收入很低（因为这时编辑还没成熟，一般只能领基本工资，没有绩效）的情况下，尽可能地采取一些补贴措施来保障他们的生活。3 年之后他们有了绩效，整体收入就高了。

以上是我们引进、培养和留住新编辑关键的 3 步，即把关招聘环节、重视培养环节、调整收入环节。

3. 重视新的发行渠道

这两年的一个重大变局是实体书店不断倒闭，退货回款问题多，实体书店的发行率只占两成左右，发展很困难。从凤凰旗下各家出版社的图书网络发行数据来看，网络书店正处于寡头垄断阶段。在这一点上，凤凰在前几年就开始布局电商，这几年电商发展得非常不错。

凤凰是在2020年开始启动凤凰新华自营电商平台项目的。虽然启动这个项目的风险很大，但是我们考虑到如果没有自营电商平台，我们就永远没有产品定价权。没有定价权就意味着没有话语权，面对其他平台无休止的返点、无休止的折扣活动，就会很被动。如果不参加促销活动，就会没有销售量，但参加的话，又会没有利润。

我深知建立出版社自己的网店非常重要，于是在五六年前，我在江苏人民出版社时就建立了本社的淘宝店铺。江苏人民出版社跟淘宝的合作方式是委托经营，因为淘宝店铺需要时刻准备好为顾客服务，但编辑们忙不过来。现在江苏人民出版社淘宝店铺的销量上来了，未来在电商这个领域就拥有了定价权。目前凤凰的各家出版社都建立了自己的网店，并且其业务量已经从最初的占全社业务量的10%上升到20%、30%，甚至60%。2022年，江苏凤凰科学技术出版社网店的回款有6000万码洋，译林出版社估计有1亿多。有些书重印量很大，折扣控制在8折，而且几乎没有退货。网店的各项程序很清楚，不但能控制什么时候印，也能控制折扣，给我们带来了不少的利润。所以我们认为要把自己的网店做好，从而进一步推动销售。但是要做好网店，还需要有独特的营销体系和引流系统。引流系统比建立自己的网店还要复杂，比如，要写好公众号推文，还要在各种媒体上，如小红书、抖音等建立专属的营销群。社群营销也是凤凰正在着力的一个重要方向。对出版单位来说，忠实读者很重要，要在社群里牢牢抓住忠实读者。

4. 大力推动融合出版

注意是“大力”推动融合出版，不是一般性的尝试。一个好的产品从初级到成熟是需要一步步来的。融合出版不是别人能教你干成的，而是需要每个出版人在自己的实践当中探索出一条熟悉和擅长的路。目前，我们在摸索融合出版，而且，我认为基本上找到了一条正确的路，就是让各家出版社真正地在做，甚至做好出版的数字化、知识课程和新媒体营销。凤凰基本上一年要开 4 次融合出版会，每次开会都较上一次有进步。同时，我们对出版社融合出版业务的考核指标是多元化的，不仅仅是用经济效益来衡量。

徐　海

曾任江苏省新闻出版局版权处处长、电子和音像出版物管理处处长，江苏人民出版社社长，现任江苏凤凰出版传媒集团总编辑。南京大学法学学士、中文硕士，马里兰大学公共管理硕士，江苏省具有突出贡献的中青年专家、享受国务院政府特殊津贴专家。曾参与撰写、翻译图书3部，发表论文和其他各类文章30多篇，组织多部国家级图书项目的策划和出版。

真做出版　真办企业

· 李学谦 ·

我于2006年7月到中国少年儿童新闻出版总社（以下简称“中少总社”）担任社长，2018年4月卸任，前前后后加起来差不多有12年时间。

我到任的时候，中少总社利润总额大概有1000万元，其中营业利润只有330多万元。当时中少总社共有5种报纸、11种期刊，每年出版500种左右的新书，这么多的产品加起来，一共只有330多万的营业利润，这与当时的一些少儿社相比，差距不小。到我卸任的时候，情况发生了很大变化。2017年，中少总社的利润总额是9300多万元，其中营业利润近8000万元。国家新闻出版署曾每年发布一次新闻出版产业分析报告，该报告依据主营业务收入、资产总额、所有者权益、利润总额4项指标，对全国少儿图书出版单位的总体经济规模进行排名，中少总社2012年至2015年连续4年位列第一名（2016年后取消了该项排名）。

在社会效益方面，中少总社获得了全国未成年人思想道德建设工作先进单位、中国出版政府奖先进出版单位等称号。中少总社出版的图书荣获精神文明建设“五个一工程”奖、中国出版政府奖、中华优秀出版物奖、全国优秀儿童文学奖等奖项，期刊入选全国“百强报刊”“向全国少年儿童推荐百种优秀报刊”。

回顾我在担任中少总社社长时做过的事情，总结起来就是 8 个字：真做出版，真办企业。

一、什么是出版

我担任社长的这 12 年，恰好是文化体制改革由扩大试点到全面展开再到不断深化的 12 年。在改革和探索的过程中，关于出版也出现了各种各样的提法，比如出版产业化、渠道为王、资本为王等。受这些提法的影响，中少总社内部也有人主张我们要“吃瓦片”（指搞房地产开发），搞“三产”。中少总社的发展方向究竟是什么？这是我上任后面临的第一个问题。

在这之前，我没有做过出版，因此要当好社长，必须先搞清楚什么是出版。为此，我看了不少出版相关的专业书籍，也请教了一些老出版人。直到有一天，我看了兰登书屋创始人贝内特写的《我与兰登书屋》，才恍然大悟。贝内特在书中回顾了兰登书屋从创办到发展壮大的过程，并无比自豪地说了这样一段话：兰登书屋的可供书目是如此强大，以至于今后 20 年内哪怕是关门大吉，赚到的钱也会比现在还多，就像在人行道上弯腰捡金子一样容易。他所说的“可供书目”，指的是兰登书屋拥有专有出版权的各种图书；“关门大吉”，指的是兰登书屋即使不再出版实体书，仅依靠版权授权，由于节省了人力、纸张、印刷、办公等方面的成本，也可能赚到比现在还要多的钱。当然，这些话有点夸张，贝内特也没有这样做。但当时读到这段话的时候，我内心受到了强烈的震撼，登时明白了什么是出版。我意识到做出版就是要不断地积累自主知识产权，使出版社拥有专有出版权的书越来越多，有一个足够强大的“可供书目”，这才是出版的本质。

2007 年 4 月，我第一次去博洛尼亚童书展考察调研，感触很深。我觉得我们与欧美国家一些少儿出版社相比，最大的区别是他们在做品牌，而我们只是在做产品，品牌和版权给他们带来的收入远高于产品销售带来的收入。当时中少总社和国内大多数出版社一样，出版流程很简单：约稿（或引进版权、使用公共版权）—印书—卖书—回款，一个出版流程就完成了。但那些欧美出版商远远不止于此，像中少总社引进的比利时卡斯特曼出版社的《丁丁历险记》，这套书以70多种语言在全球出版，版权销售收入可想而知。我们引进的瑞典作家林格伦的作品《长袜子皮皮》，是由瑞典的咸水乌鸦出版社出版的。这个出版社拥有林格伦作品的全部版权，仅图书版权授权一项业务，年收入就有500万欧元，而且非常稳定。如果算上电影、电视和衍生产品的授权，收入就更可观了。他们在瑞典还经营了一个以“长袜子皮皮”命名的主题公园。这次博洛尼亚之行使我更加坚定了对出版的理解——做出版就是要把内容做好，尤其是要把自己的原创内容做好。

纵观出版的历史，“内容为王”始终是亘古不变的铁律。据肖东发、于文主编的《中外出版史》，最古老的原始书籍形式之一是公元前3000多年由苏美尔人制作的泥板书。以此推算，出版应有5000年以上的历史了。几千年来，从泥板、甲骨、青铜器、竹简、布帛、纸莎草纸、皮革到纸张，再到现在依托于互联网和各种终端的电子屏幕，伴随着一次又一次的技术革命，出版的载体发生了一次又一次的革命性变化，但以文字记录信息并通过复制以实现传播的基本属性没有变，内容依然是出版物实现传播的基础。

当然，强调出版必须以“内容为王”，并不是说发行、管理等其他工作不重要，但内容生产是出版的基础，是所有出版工作的中心环节，这一点是不可否认的。说到底，发行工作是为好书找到读者，为读者找到好书，好书是发行工作的基础。没有好书，发行工作无论怎样努力，也只能是事倍功半甚至是徒劳的，而内容质量高是好书之所以成为好书的决定性因素；

管理是以内容生产和发行工作为对象的，离开了内容生产和发行工作，就失去了存在的依据。

在我担任社长的这些年里，中少总社的发展有许多值得总结的地方，但无论怎样总结都不能绕开的，是始终坚持“内容为王”。因为这是由出版的属性决定的，是出版人必须遵循的一个铁律。

二、怎样做出版

我到中少总社后围绕“真做出版，真办企业”这个主题，做了以下几件事情。

（一）清理整顿教辅图书

中国少年儿童出版社（2000年其与中国少年报社联合组建了中少总社）从20世纪90年代末起开始出版教辅图书，后来规模不断扩大，几乎占了全社图书出版量的一半。2006年中少总社使用书号大约500个，教辅图书占了260个，已经超过50%。可见教辅图书出版占据中少总社很大一部分的业务量。

为什么要清理整顿教辅图书?

中国少年儿童出版社自1956年成立以来，以出版思想品德类、儿童文学类、科普类、历史类读物见长，编辑队伍、作者队伍都着重围绕这些类别图书的出版来建设，发行渠道则以新华书店为主。出版教辅图书需要有熟悉不同年级、不同学科教材和教学的编辑，需要有大批一线优秀教师作为作者，还需要有能够直接面向教育行政部门、中小学校的发行渠道和营销方式。然而中国少年儿童出版社并不具备这些资源，再加上起步较晚，着手教辅图书出版时，市场竞争已经趋向白热化。在这种情况下，中少总社在图书中心之外，组建了几个全资子公司来经营教辅图书的出版发行。此举使中少总社的教辅图书很快在市场上有了一席之地，也带来了一定的收入。但时间长了，问题也来了。当时总社内部特别是图书中心反映最强烈的是“混退”问题，即经销商把来自中少总社不同部门、子公司的滞销图书，混到一起打包退回总社的图书中心。显而易见，“混退”的结果使出版社和经销商双方无法对图书实际销售数量达成共识，对卖了多少书、该给出版社多少回款各执一词，结算自然无法进行，最终导致供销关系恶化甚至破裂。2006年，已经有两个省的新华书店与中少总社断绝了业务关系，不再经销中少总社的图书。除了“混退”，多头发行也给各地经销商带来很大困扰。有的省级新华书店一天之内分别接待了三批来自中少总社不同部门、子公司的发行人员，各有各的政策，各有各的要求，造成了中少总社发行秩序的混乱，也给中少总社的品牌带来一些负面影响。

从出版的角度出发，我对教辅图书也有自己的看法。我不反对为帮助学生学习出一些辅导读物，因为学生学习确实需要辅导。民国时期，夏丏尊、叶圣陶就是学习辅导读物的出版大家。他们在开明书店出版的《文心》，把语文知识融入青年学生的日常生活，以讲故事的方式系统地讲解“关于国文的全体知识”，帮助学生在生活中学习语文，在语文学习中体验生活，深受读者欢迎。1934年至1948年，该书印了20次，影响了几代学生的语文学习，迄今仍然不断再版。此外，叶圣陶的《文章例话》、夏丏尊等的《中学各科学习法》等学习辅导书，也都有很大的影响。但我到中少总社后在市场上看到的教辅图书，以同步学习类、考试类为主，各种习题集、满分作文集充斥书店，其中不少是粗制滥造的。

无论是从中少总社的生产经营专长出发，还是从我对少儿出版的价值追求出发，整顿教辅图书出版势在必行。

我们从2007年开始减少教辅图书品种，从2008年起不再出版教辅新书，2011年以后减少重印品种，逐渐退出了教辅图书市场。

（二）书刊互动，做强做大原创出版

教辅图书不做了，那做什么呢？我把目光聚焦在原创出版上。

怎样才能做好原创出版呢？我征求了一些骨干编辑的意见，他们认为我的想法太理想化，表示信心不足。无奈之下，我打起了历史资源的主意。

我从中少总社过去出版的书目中发现，《宝葫芦的秘密》《小兵张嘎》等都是堪称经典的儿童文学作品，但是版权早就不在中少总社了。后来我又在书目中发现有些历史类的书还不错，比如林汉达先生的《中国历史故事集》。于是，我要求图书中心重新编辑出版这套书。再版后，这套书每年能够给我们带来三四千万的销售码洋。后来我们又陆续再版了《神圣抗战》、“中华人物故事全书”、“中国通史故事”、“世界通史故事”等一批历史类图书，也给总社带来了不错的经济效益。

但是可供挖掘的历史资源毕竟有限，从长远考虑，还是要发展原创图书出版。于是我开始打期刊的主意。中少总社当时图书做得不够好，但有几种影响力很大的期刊，如《儿童文学》《我们爱科学》《幼儿画报》。尤其是《幼儿画报》，2006年的月均发行量已超过100万册，意味着它有一个庞大的读者群。

我对《幼儿画报》成功的原因做了分析，发现很重要的一点在于它与幼儿教育实践结合得非常紧密，所有选题都来自对幼儿园和家长教育需求的调查，并组织一流的作者团队去完成选题。《幼儿画报》的作者主要有金波、高洪波、白冰、葛冰、刘丙钧等，另外还组织了一流的画家、教育专家来共同将这些选题转化为具体项目。同时，《幼儿画报》还有一个非常优秀的编辑团队，以及很不错的发行渠道。作者、编辑、渠道、读者这些资源，

不正是图书出版同样需要的吗？于是，我决定打破图书与期刊的出版界限，依托名刊、大刊出书，通过书刊互动进一步盘活中少总社的出版资源，做强做大原创图书出版。

2007年11月，中少总社组建了低幼读物出版中心。这个中心以《幼儿画报》为基础，整合《婴儿画报》《嘟嘟熊画报》《中国儿童画报》以及图书中心的低幼图书编辑室，在继续办好期刊的基础上，同时出版图书、开发电子音像产品及相关衍生产品等。低幼读物出版中心后来的发展，超过了我的预期。

2012年11月，在《幼儿画报》创刊30周年之际，我写了一篇题为《从一朵彩云到一片红霞》的文章，发表在《中国新闻出版报》上。这篇文章里有这样一段话："刚创刊的时候，《幼儿画报》是季刊，每期有十来篇故事和儿歌，定价二角四分钱。30年过去，当初这朵小小的彩云，竟然发展为蔚为大观的一片灿烂红霞：每月发行量180万册；以《幼儿画报》为基础组建的中少总社低幼读物出版中心，2012年1—9月发行码洋为2.9亿元，其中期刊1.8亿元、图书1.1亿元；形成了涵盖书、报、刊、动画、电子书刊、网站等多种介质的全媒体出版态势；衍生产品开发旗开得胜，2012年1—9月玩具、文具等儿童用品销售收入近600万元。而组建低幼读物出版中心的当年，中少总社所有低幼读物销售码洋不足7000万元，销售利润仅为几百万元。"

组建儿童文学读物出版中心是中少总社书刊互动的第二场重头戏。《儿童文学》创刊于1963年，2009年月均发行量超过100万册，经常联系的作者有300多名，其中骨干作者有100名。我相信，没有一家少儿出版社能有这样的作者资源。这么好的资源，我们为什么只用来办刊而不能同时用来出书呢？于是在2009年12月，中少总社成立了儿童文学读物出版中心。

儿童文学读物出版中心成立以后，推出了很多新作者的原创作品。2010年，儿童文学读物出版中心出版的原创儿童文学中长篇小说有30多种。《萝铃的魔力》的作者陈柳环原来从事金融业，在创作这部作品之前，没有发表过任何文章。儿童文学读物出版中心对这部作品经过充分论证后，果断推出了她的处女作。截至2022年，这部作品的累计发行量超过300万册。

书刊互动开创了中少总社原创图书出版的新局面。2011年，在中少总社出版的新书品种中，原创图书有176种，比引进版图书多出50%以上；2014年中少总社出版新书700种，原创图书占新书品种数的79%；2016—2018年，中少总社每年出版新书750种左右，原创图书均占新书品种数的90%以上。中少总社的内容生产能力从根本上得到加强，彻底摆脱了依靠公共版权图书、引进版图书、教辅图书过日子的局面。

（三）建设高素质的编辑队伍

编辑是内容的直接生产者，真做出版就必须始终把编辑队伍建设作为立社的根本。作为社长、总编辑，手下没有一支过硬的编辑队伍，一切都是空谈；再好的选题规划如果没有合格的编辑，就永远是纸上谈兵。要想当好社长、总编辑，必须坚持内容为王、编辑为本，抓好编辑队伍建设。我认为，抓好编辑队伍建设，主要从以下五点着手。

一是严把“进口”关。总社的编辑录用是由用人部门根据岗位设置和实际需要提出用人需求。总社人力资源部按照用人部门提出的条件，组织公开招聘，会同用人部门完成笔试、面试后择优录用。

二是把好培训关。总社自主组织实施新闻出版继续培训计划。从2011年起，总社每年组织编辑进行语文基础知识考试，考试成绩与绩效考核、职务晋升、职称评聘挂钩，考试不合格者离岗培训。

三是严格执行绩效考核制度。总社制定绩效考核办法，各中心根据自身实际情况制订具体考核办法，对编辑的工作态度、工作效率、工作质量和工作业绩进行考核。考核结果与绩效工资挂钩。

四是建立编辑职业发展通道。编辑可以根据总社发展需要和个人能力，规划自身的职业发展，可以选择晋升管理岗位，也可以选择专业化发展道路。编辑岗位分为助理编辑、初级编辑、中级编辑、主任编辑、资深编辑、专家编辑，专家编辑岗位工资相当于副社级领导。

五是完善编辑工作规范。我们制订了管理办法，明确了出版物质量检查的流程、标准和奖惩，规定了出版物的三审三校制度、重大选题备案制度、内部审读制度、产品召回制度、产品质量责任追究制度，建立了较为完善的编辑工作规范。总社内部实行的编校质量标准严于国家标准：合格标准为图书差错率不超过万分之零点九、报纸差错率不超过万分之二、期刊差错率不超过万分之一。我们对重点选题会增加校次，并邀请相关领域专家把关，以确保出版的图书内容质量合格。我们还组建了专家质检团队，所有报纸、期刊每月抽查一期，图书每年抽查的比例不低于当年出版新书品种的15%，抽查结果及分析在总社内部系统上公布，并在每月的生产协调会上进行通报。总编室根据检查结果，对各中心进行绩效考核，考核结果与绩效工资挂钩。

三、为什么要真办企业

在我担任社长的前几年，中少总社和绝大多数中央级出版机构一样，实行“事业单位企业管理”的体制，既保留了全民所有制事业单位的性质，又要通过企业化的运营方式来实现自身的生存和发展。

作为一种过渡性的制度安排，“事业单位企业管理”的体制在市场经济发展的初期，对引导出版机构主动适应市场，确实起到了积极的作用。

但随着经济体制改革的深入，市场在资源配置中已经起决定性作用，作者、编辑、纸张、印刷、发行渠道等出版资源都要通过市场配置，事业单位的身份与市场机制就很不适应了。

就中少总社内部运营而言，由于事业编制有限，不在编制内的人员被称为“编外人员”，总社只能在人事管理、收入分配、激励约束等方面针对不同人员实行不同的管理办法。

转企改制之前，中少总社有500多名员工。这500多人可以分为A、B、C三类。A类是1998年以前福利分房制度还未取消前入社的事业编制职工，B类是1999年以后入社的事业编制职工，C类是没有事业编制身份、实行聘用制的职工。A类、B类职工基本工资执行事业单位工资标准，根据职工的职级和技术职称确定；在奖金分配方面，生产经营部门根据利润完成情况按相应比例提取，管理部门则根据生产经营部门的平均水平按一定系数确定；除工资、奖金外，还有许多福利。C类职工的工资、奖金是没有统一标准的，由各中心、各部门自行决定，随意性比较大，待遇千差万别，但总体上低于事业编制内职工的收入水平。比如，一名属C类职工的司机尽管他的工作时长、行驶里程在车队司机中是最多的，但收入却仅有事业编制司机的60%左右。

可见在转企改制前，编制、级别、职称在中少总社成为收入多少的决定性因素，在相同岗位上工作的人员，有无编制、级别或职称的高低，会带来很大的收入差距，可谓同工不同酬。A、B、C三类职工同工不同酬的收入分配制度，已经完全失去了对员工的劳动能力和劳动成果进行公正评价的作用，不仅不能激励员工，反而严重影响了队伍的士气。

转企改制前，中少总社事业编制内职工共有219人，其中从事管理和服务工作的有110多人，还有一些人长期病休，在生产经营一线的不超过

100 人，在编辑、发行岗位上的 70% 以上是 C 类职工，他们实际上已经成为总社生产经营的主力军。低幼读物出版中心毛利贡献率占总社 40% 以上，近百人中，只有几名年龄超过 50 岁的老同志是事业编制内职工；期刊中心、儿童文学读物出版中心对总社的毛利贡献率加起来也在 40% 以上，这两个中心的人员构成中 C 类职工也占了大多数。由于与事业编制内职工同工不同酬，再加上中层干部职数、职称指标都是由编制总额决定的，原来的 C 类职工没有编制，自然也没有被提拔、参加职称评审的资格，因此，他们普遍缺乏归属感、安全感和职业荣誉感，积极性受到压制，能力没有充分发挥出来。转企改制前，我在原来的制度框架内力所能及地做了一些小调整，比如发放高温补贴等，但杯水车薪，只能起到一些情感抚慰作用，不能从根本上解决问题。

我是在改革开放的进程中成长起来的，在这个进程中最深切的感受是改革开放解放了“人”这个生产力中最活跃的因素。中少总社是以内容生产为主的知识密集型企业，没有多少资金、设备、土地，最重要的生产要素是人，因此更需要通过改革把人力资源盘活，把人的积极性和创造力发挥出来。这就必须要转企改制，把中少总社从全民所有制事业单位的体制束缚中解放出来，转成现代出版企业，成为合格的市场主体。

四、怎样真办企业

中少总社于 2010 年 10 月完成了转企改制工作，完成了由全民所有制事业单位到全民所有制企业的转变。同时，包括我在内，全员签订了劳动合同，成为劳动合同制员工。

出版社和员工身份的转变，相对于“事业单位企业管理”的体制，是一次历史性的变革，明确了出版单位的市场主体地位，但在产权制度、治理结构、运行机制、管理制度等方面，距离产权清晰、权责分明、政企分开、管理科学的现代企业制度还有很大的差距。特别是原来拥有事业编制身份的职工，由于工龄比较长，签订的是无固定期限劳动合同。如果转为企业后，出版社内部运营机制不改变，员工的积极性和创造力没有被充分激发，可能要不了多久又变回老样子了，于是中少总社决定以工资制度改革为重点，从根本上转变运营机制。

之所以选择以工资制度改革为重点，一是这项改革事关全体员工的切身利益，覆盖面广；二是这项改革纵深度大，工资制度改革涉及机构设置、岗位分类、岗位评价、绩效考核、完善管理制度等方面，没有完善的配套措施，工资制度改革很容易流产，即使制订出来也难以得到很好的贯彻落实。因此，工资制度改革实际上牵动了中少总社整个运营机制的转变，是一项系统的改革工程。当然，由于覆盖面广、改革纵深度大，这项改革的风险也很大。成功了，可以拉动中少总社运营机制的整体转变；失败了，则有可能回到改革之前，甚至更糟。

为此，中少总社采取了既坚决大胆又实事求是的做法。

坚决大胆，就是彻底打破按编制身份、行政职级和技术职称决定收入分配的工资制度，全社统一实行以岗位工资为核心的结构工资制，不搞“老人老办法，新人新办法”。所有员工的收入由基本工资、岗位工资、绩效工资、业绩奖四个部分组成。基本工资是为员工提供基本生活保障的，是固定薪酬，按上一年北京市最低工资标准执行，每年调整一次，全社从社长到司机，所有人都一样。每个员工的社龄津贴也计入本人的基本工资。岗位工资是对员工工作能力和岗位技能的货币化评价，不同层级的岗位执行不同的岗位工资标准，同一层级的岗位工资大体相同，做到同工同酬。岗位工资是浮动工资，岗变薪变，同时与绩效挂钩。绩效工资和业绩奖也是浮动工资，都是对员工个人业绩的奖励。不同的是，绩效工资是每月或每季度根据对员工的绩效考核结果发放，目的是强化对员工工作过程的考核；业绩奖是根据年终经济指标完成情况和工作考核结果确定，每年发放一次。

在这个工资结构中，核心是岗位工资，绩效工资和业绩奖因岗位不同会有不同的系数，但都与岗位工资挂钩。因此，科学合理地对岗位进行评价和分级，是制订岗位工资标准的前提。我们聘请了专业的管理咨询公司，和人力资源部一道，把总社全部岗位归集为45个标准化岗位，组织社领导、各中心总监和职能管理部门主任依据管理咨询公司提供的岗位价值评估系统，对总社45个标准化岗位进行打分。这个岗位价值评估系统中的评价指标包括原薪酬水平、工作量、工作经验、职称、学历、职责范围、岗位替代性、业务水平、业绩表现等。不同指标有不同的分值，综合评分后，能够比较准确、全面地体现出版企业各个岗位的价值。我们打完分后，管理咨询公司会同人力资源部，根据每个岗位的得分情况，进一步把这45个岗位划分为12个薪级，每个薪级又分为15档，最终形成了中少总社各岗位的“岗位工资薪酬等级表”，共计180个标准岗位工资。

工资改革方案设计完成后，我们随即着手设计了绩效考核方案。这个方案根据落实工资改革方案的要求，对考核对象、考核主体、考核周期、考核内容、考核方法、考核结果的应用，都做出了详尽的规定。

实事求是，就是既要考虑方案的合理性和先进性，考虑现代企业制度对薪酬制度的要求，考虑中少总社未来发展需要，又要兼顾历史上沉淀下来的各种既得利益，“只动增量，不动存量”，实现平稳过渡。原事业编制职工的岗位工资、绩效工资和业绩奖按照新的工资方案执行，但原来按国家规定发放的各种津贴、补贴予以保留，计入其基本工资，但以后不再增加任何新的补贴项目，也不再提高补贴标准。同时，坚持民主公开的原则，充分听取职工群众的意见，努力找到各种利益群体的“最大公约数”，工资制度改革方案经过职工代表会审议通过后方可执行。

2012年3月，中少总社工资制度改革方案、绩效考核方案基本完成，形成了《薪酬管理办法》《绩效管理办法》两个制度性文件，不久后，职工代表大会顺利审议通过了这两个文件。2012年5月，中少总社开始执行新的工资制度和绩效考核办法。

工资制度改革给中少总社带来的变化是全方位且极其深刻的。一是彻底解决了原来的工资制度带来的同工不同酬、薪酬倒挂、工资结构复杂等问题，使许多由于利益关系产生的矛盾迎刃而解。二是带动了总社整体运营机制的转变。我们以推行绩效考核制度要求为契机，推行全员、全面预算管理，相继出台了《关于全员、全面财务预算管理的规定》《关于固定资产管理的规定》《关于应收款项管理的规定》等一系列内控和财务制度，初步建立起符合企业会计制度要求的财务管理机制。在人力资源管理方面，我们完善了招聘、录用、培训、考核、晋升、辞退的管理制度，还修订完善了总社党组议事规则、社委会议事规则。三是重塑了企业文化。新的工资制度和绩效考核制度彻底打破了按身份、级别、职称决定收入分配的旧框架，这两项制度的实施过程，同时也是进行员工教育、推动员工转变观念的过程，“凭本事吃饭，拿业绩说话”的观念，得到越来越多中少总社员工的认可，“聚精会神搞建设，一心一意谋发展”的氛围逐渐形成。

李学谦

中国少年儿童新闻出版总社原社长。曾任共青团中央宣传部部长、中国青年报社社长兼总编辑、中国青少年研究中心党组书记。

苏科社科普出版的探索之路

·傅 梅·

近年来，中国的科普事业迎来了春天。

党的十八大以来，党中央高度重视科学普及在创新发展中的作用。习近平总书记指出，“科技创新、科学普及是实现创新发展的两翼，要把科学普及放在与科技创新同等重要的位置”。党的十九大强调弘扬科学精神，普及科学知识。进入新时代，中国科普事业肩负着神圣使命，满足人民群众对美好生活的向往，践行以人民为中心的发展理念，以全民科学素质的持续提升构筑未来发展新趋势，厚植国家创新发展的科技和人力资源基础，必须以新的理念武装科普工作，以更加符合科技创新规律和时代需要的手段，传播科学精神、科学思想、科学知识、科学方法，在科技创新与科学普及协同进步中，让公众理解科学，让科学普惠人民，以更加强劲的科学普及之翼服务全面建成小康社会和社会主义现代化强国。

国家对科普工作的重视让科普图书尤其是原创科普图书的出版迎来了最好的时代。近几年，市场上出现了一批适合大众读者阅读、满足读者需求的本土原创科普作品，如中信出版集团的“海错图笔记”连续进入畅销书榜单，“这里是中国”成为叫好又叫座的现象级原创精品科普图书；三联书店的“新知文库”开辟了子系列“原创新知”。在“中国好书”“国家科学技术进步奖”“中国出版政府奖图书奖”“全国优秀科普作品奖”等榜单上，一批本土原创的优秀科普作品正在涌现。

乘着科普图书大发展的东风，江苏凤凰科学技术出版社（简称“苏科社”）立足自身资源优势，大力开展科普出版板块建设。以下是我们在这个领域内的一些探索心得。

一、以引进促原创，走主题系列之路

苏科社的科普出版有着良好的传统。自建社以来，各领域的科普读物都有涉及，20 世纪 90 年代出版的“高科技知识丛书”和《世界科技发展史画库》获得了“五个一工程”奖，21 世纪初出版的《动物世界的黎明》获得了吴大猷科学普及著作奖等。但在那个年代，做书主要还是基于时代需求和内容资源的挖掘。2005 年，苏科社制订了“做主题系列科普，打造苏科社科普出版品牌”的方针，开始集中力量打造系列科普产品，于是我们策划了一套高端科普系列——“青鸟文丛”。这套丛书以探索生命奥秘、思考生命进化、关爱生命、保护生态为主题，渗透了“生态文化”理念，突出了人、自然、生命的和谐之美，其特殊之处在于将专业领域里前沿深奥的知识转化为引人入胜的故事，引领读者在了解生命科学领域前沿成果、掌握科学知识的同时，树立正确的生命观、环保理念，提升科学素养。

这套书首先是引进了国外的优秀作品，包括理查德·道金斯、史蒂芬·杰·古尔德等世界级科学家的代表作，邀请国内生命科学领域的专家学者进行翻译，出版了《祖先的故事：生命起源的朝圣之旅》《奇妙的生命：布尔吉斯页岩中的生命故事》等一批极具分量的大家科普读物。以《奇妙的生命：布尔吉斯页岩中的生命故事》为例，著名古生物学家史蒂芬·杰·古尔德基于专业研究，认为布尔吉斯页岩对生命历史的影响远远超过恐龙灭绝，应该和恐龙灭绝、宇宙大爆炸一样为公众所熟知。他通过对布尔吉斯页岩化石的研究、复原和重新解释，描绘了奇妙的远古生命世界，带来了全新的生命观。这些引进版科普图书一经上市，就受到科普爱好者的深度关注和喜爱，其中《信天翁的眼睛：寻访海洋生物的世界》还入选了新闻出版总署向全国青少年推荐百种优秀图书。

这批引进版图书的出版为我们开启原创科普图书出版之路奠定了基础。我们借鉴国外大家做科普图书的方式，积极挖掘和利用国内科研机构的学术成果，汇集相关研究领域的著名专家，打造了一批反映中国生物多样性保护及生态文化的原创精品科普力作，如知名滇金丝猴保护专家龙勇诚的著作《守望雪山精灵：滇金丝猴科考手记》、世界著名大熊猫研究专家胡锦矗等主编的《寻踪国宝：走近大熊猫家族》等。这些原创科普图书的作者都是国内各研究领域的顶级专家，他们的作品来自科研中的第一手资料，既具有权威性，又用通俗的文字引人入胜，充分体现了大家写科普读物的优势，受到科普爱好者的充分认可和欢迎。其中，中国科学院南京地质古生物研究所周志炎院士主编的《远古的悸动：生命起源与进化》，用他们的科学研究成果讲述了近40亿年前的地球生命故事，该书获得吴大猷科学普及著作奖、国家科学技术进步奖二等奖等多项殊荣。

二、立足优势，抢抓资源，走垂直化发展之路

近年来，从服务党和国家、提升全民科学素养和发展生态文明建设事业的大局出发，从科普图书市场前景出发，从本社的专业优势和资源优势出发，苏科社确立了“青鸟科普”的产品定位——重点聚焦生命科学、古生

物学、天文学等领域的高品质科普图书。

苏科社近年的科普板块建设，同样沿着“引进 + 原创”的模式，出版了许多高水平的科普图书。

1. 抢抓国际优质科普资源，出版一系列优秀的引进版图书

近年来，在原有产品的基础上，苏科社加强与国际知名机构的有效交流合作，甄选了 BBC（英国广播公司）、NASA（美国国家航空航天局）、美国《国家地理》杂志、大英博物馆、大英自然历史博物馆等一批国际知名机构的优质内容资源，连续出版了《BBC 全新 4K 海洋百科：蓝色星球Ⅱ》《珍稀动物全书：美国国家地理“影像方舟”》《宇宙全书：国家地理新视觉指南》，以及“BBC 科普三部曲”等一系列引进版畅销科普图书。这类图书既有科学性、权威性，又有极具魅力的图片作为吸睛“法宝”，再加上精美的版式装帧，一经推出便受到市场的高度青睐。

这类图书往往价格不菲，之所以受到读者的欢迎，我认为有以下几个原因。一是品牌效应。这些引进版科普图书都来自中国读者非常熟知的国际品牌机构，在市场认知度上具有先天优势。二是创作团队的专业性和权威性。除了国际品牌机构的背书，这些图书的作者也是相关领域的权威人士，如《NASA 自然百科：认识宇宙》的作者就是美国国家航空航天局久负盛名的科学家，《宇宙全书：国家地理新视觉指南》的作者是西班牙空间科学研究所的天体物理学家。三是珍贵精美的图片资源带来震撼的视觉体验。随着“读图时代”的来临，最新的影像技术可以为读者提供认识世界的全新视角与高精的影像品质。精美的图像不仅可以高效精准地传递科学信息，还能满足读者日益增长的审美需求。比如，《BBC 全新 4K 海洋百科：蓝色星球Ⅱ》所采用的 4K 高清图片由 BBC 制作团队耗时 5 年拍摄完成，其间，制作团队历经了 125 次探险，探访了全球 39 个国家，水下拍摄长达 6000 多

个小时。四是内容有料，形式有趣。翔实的科普知识、独特的切入视角、深化的人文关怀理念、新颖的图文版式，是这类科普图书的共有特性。

2. 借鉴成功经验，立足优势资源，开发原创科普精品

在出版引进版精品科普图书的同时，我们借鉴和吸收国外精品科普图书的成功经验，利用专业资源优势，在生命科学、天文学、地球科学、古生物学等领域内挖掘优质科普资源。下面以生命科学这个细分门类的三本书为例，谈一谈苏科社科普板块的垂直化建设。

（1）《芳华修远》

2017 年 7 月，第 19 届国际植物学大会在深圳举行。这个植物学界的最高盛会，是第一次在发展中国家举行。它不仅是一场学术性的国际盛会，更是植物与科学、艺术、社会等各领域密切联系的重要契机。

主办方在大会期间策划了一场国际植物艺术画展，这是中国历史上规模最大的植物艺术画展，也是首次国际性植物艺术画展。这次画展上，除了展出来自国外 30 位艺术家的 50 幅精彩画作，还展出了中国现代植物科学绘画的开拓者冯澄如等第一代、第二代、第三代植物科学画画师的 150 多幅作品。中国新生代植物艺术画者也在这次画展上亮相。由曾孝濂先生领衔，包含由老中青三代中国当代优秀植物艺术画家组成的评审委员会委员的作品代表了当时中国植物艺术创作的最高水准。

主办方有将这些高水平植物艺术画作品结集成册出版的意向，善于抓机遇的苏科社编辑争取到了出版机会。我们在策划选题时意识到，植物艺术画虽然是一个小众领域，却是一类稀缺资源，它兼具科学与艺术之美，可以有非常精彩的呈现效果。

《芳华修远》第一次将中国本土的植物科学画以大众出版物的形式呈现给中国乃至全世界的读者，第一次在东西方文化交流的大视野下探讨中西植物艺术的交流简史与中国植物艺术的发展简史，得到了读者的充分肯定和青睐。博物学文化研究者、北京大学哲学系刘华杰教授说，这本书将中国几代植物科学艺术画家在植物艺术领域的探索和成果连接在一起，开启了中国植物绘画从“植物志时代”向新的“博物学时代”的转变。

这本书从内容到装帧都带给读者一种在植物学科普读物领域里全新的大美感受，获得了当年“中国最美的书”荣誉。它的成功给予了我们很大的鼓励，编辑团队有志于在植物科学画领域挖掘更多的宝藏。

（2）《嘉卉：百年中国植物科学画》

《芳华修远》把中国植物科学画的历史画作首度带到了公众的视野，但中国植物科学画的百年历史仍然需要系统梳理和整理。

20世纪八九十年代是中国植物科学画的黄金时代。当时这一领域充满生机与活力，学术交流频繁，留下了许多精彩作品。后来随着植物志时代渐近尾声，大多数职业画师步入晚年，这一职业的从业者也日渐减少。由于这一职业的从业者多隶属研究机构，与主流美术界长期缺乏交流，故而虽然这些画作精细入微、令人赞叹，但在社会上却知之者少、缺乏关注。

为了深入挖掘这一领域更宝贵的价值，苏科社多方联系，得到了中国科学院植物研究所等多个科研院所的支持，对尘封多年的植物科学画遗产开展抢救性挖掘，并组织专业力量对这些珍贵的画作进行整理，用科学的方式呈现给读者。

《嘉卉：百年中国植物科学画》体现了最新的植物分类体系，最大程度地呈现植物科学发展的历程。它不仅收录了第一代到第五代124位中国植物科学画画师及28位新生代画家、24位科学家的涉及860余种代表性植物的680余幅作品，以及对作品的专业点评，还收录了《中国植物科学画史略》的内容，介绍了中国植物科学画的发展历程和人才队伍，为中国植物科学画作传。

除了有着极高的科学价值，这本书以极具创意的装帧设计将科学的真、人文的善以及艺术的美，展现得淋漓尽致，树立了植物科普出版的一个新标杆。这本书荣获2019年度“中国好书”、第五届中国出版政府奖装帧设计奖、2022年全国优秀科普作品、2020年度“中国最美的书”、2020 D&AD英国全球创意奖（黄铅笔奖）等奖项，入选2021年“丝路书香工程”（印度尼西亚语）。

（3）《山川纪行》

在《嘉卉：百年中国植物科学画》的组稿过程中，中国植物科学画泰斗曾孝濂老先生给我们推荐了臧穆先生留下的20余本科考日记。社里在拿到这些珍贵的日记本时，完全被科学家留下的珍贵科学手稿震撼了。它记录了臧穆先生在30余年科考历程中严谨治学、艰苦奋斗的点滴，具有非常珍贵的科学价值和史料价值，同时，先生的博学多才和孜孜以求的科学精神深深打动了我们。经过讨论，社编委会认为这些日记有很高的出版价值：一是具有很高的文献价值，因为这是第一手的科学家手记；二是具有很高的科学价值，日记中包含了植物学、真菌学，以及地理、生态环境等方面的内容；三是展示了科学家精神和文化价值，内容涉及历史、文学、建筑等领域；四是具有很高的审美价值，日记中有臧穆先生作为科学家所作的精美植物图绘、生境绘画等。

将多年前的老手稿整理出版，也是一项稀缺资源的抢救性工程，成书难度大，审校难度大，设计难度大。为了保证图书质量精益求精，仅手稿的录入、校勘就经历了2年多的时间，相关专家依照各自专业所长，对真菌、地衣、苔藓、被子植物等的拉丁学名进行了翻译和校勘，充分保证了这本书相关专业知识的准确性与通俗性。

为了最大限度地展示日记手稿图文并茂的原貌，该书在版式设计上采用横开本，将日记原稿扫描件居中展示，经过专家整理校勘的内容居于两侧，方便读者阅读对照。封面采用果冻硅胶皮，试图复刻老科学家的日记本风格，呈现历史感。编辑还通过多种渠道广泛收集了臧穆的大量科考及学术生涯的照片，鲜活的图像资料与日记相互印证，使得全书的内容更为丰厚、立体。经过多方讨论，书名最终定为《山川纪行：第三极发现之旅——臧穆科学考察手记》（简称《山川纪行》）。

这套书所展现的博物学之珍奇、自然之壮美，以及民族文化之魅力令人赞叹，作者博大精深的知识素养和严谨治学的科学精神让人折服，对于弘扬爱国情怀与科学精神有着不可估量的价值。此书出版后被誉为“当代中国科学界的《徐霞客游记》”。北京大学哲学系刘华杰教授曾评价：没想到中国竟然有这样的科学家，没想到出版社竟然愿意做这样的书，并且竟然做得如此好，下了很大功夫。

为了将书中的科学价值和科学家精神传递给更多读者，我们又开发了精选本，并定名为《山川纪行：臧穆野外日记》。

《山川纪行》入选国家出版基金项目，并荣获第八届中华优秀出版物提名奖。而精选本《山川纪行：臧穆野外日记》荣获2021年度“中国好书”、第十七届文津图书奖、第七届“中国科普作家协会优秀科普作品奖”科普图书类特别奖、“典赞·2022科普中国”年度科普作品、2022年全国优秀科普作品、第十三届江苏省优秀科普作品一等奖等奖项，入选2022年经典中国国际出版工程（英文版）。

三、做优做强，探索体系化建设之路

在优势资源领域里进行垂直深耕，能够形成优质图书产品线，形成一定的品牌效应，也汇聚了更多的读者、作者及内容资源，形成良性的发展态势。

在此基础上，我们从社级层面进行顶层设计，探索科普出版的体系化建设之路。作为知识提供者，我们将以纸质图书、视频、有声书、融媒体平台等形式，构建科普出版的立体化产品体系。

1. 横向上，搭建合作平台，传播生命科学、古生物学、天文学等领域前沿、尖端的科研成果和科学技术

多年来，苏科社与中国科学院南京地质古生物研究所、紫金山天文台等著名的科研院所，以及新华社等知名的传媒机构都建立了良好的合作关系。

我们和新华社合作的一个成功案例就是《60 万米高空看中国》。这本书利用新华社卫星新闻实验室的第一手图像资料进行内容采编，200 余幅卫星影像、专题地图串联起来像一幅美不胜收的时代画卷，独特的高空视角让人有一览众山小的视觉冲击与审美享受。这本带有主题性质的融媒体科普画册获得了读者及业内的一致好评，并获得多个奖项——2020 年度“中国好书”、第七届“中国科普作家协会优秀科普作品奖”科普图书类银奖、2020 苏版好书、第十二届江苏省优秀科普作品一等奖，入选中宣部“书映百年伟业——庆祝中国共产党成立 100 周年好书荐读”活动推荐书单、2021 全国家庭亲子阅读红色经典书目、第 30 届全国图书交易博览会少儿阅读节“献礼百年——红色主题儿童图书展”、《中国新闻出版广电报》2020 年度优秀畅销书排行榜总榜、《中国出版传媒商报》2020 年度影响力图书。

此外，我们和中国科学院南京地质古生物研究所推出了《化石密语》《地层“金钉子”：地球演化历史的关键节点》等，和中国科学院紫金山天文台联合策划的《悟空传：暗物质空间探索的中国方案》等，其中《化石密语》荣获第十八届文津图书奖，《地层“金钉子”：地球演化历史的关键节点》和《悟空传：暗物质空间探索的中国方案》均入选国家出版基金项目。

2. 纵向上，把握各个年龄段对学科知识的不同需求，开发面向不同人群的科普读物

（1）成人知识科普系列

为了满足读者对高精尖科学知识和科学发展史的渴求，我们开发了一系列高端科普产品，比如《NASA 深空探索：钱德拉 X 射线天文台 20 年全记录》《宇宙全书：国家地理新视觉指南》《我们的星球：正在消失的自然奇观》《国家地理人类进化史：智人的天性》《大脑全书》《大英博物馆人类简史》《透视世界》等。

（2）轻阅读书系

移动互联网出现之后，很多年轻人阅读的方式和偏好都发生了改变。有人将这个时代称为“轻阅读时代”，人们容易被故事情节精彩和文字轻松幽默的图书所吸引。但事实证明，那些选题小众独特、文字清新有趣的新知类科普图书也能很好地满足当下年轻读者的阅读需求，并在图书市场上占有一席之地。在这样的需求下，我们关注科普达人，挖掘科普新秀。例如，故宫博物院古建部工程师朴世禺的《藏在木头里的智慧：中国传统建筑笔记》以独特的视角和细腻的笔触，完美展示了中国古建筑中所蕴含的超越时空的智慧，入选了 2020 年度“中国好书”的月度榜单。

（3）青少年知识科普系列

在着力开发成人科普图书的同时，我们为青少年开发了一系列系统介绍生命科学、天文学等知识的科普图书，如“BBC 科普三部曲”“BBC 宇宙三部曲”，以及《珍稀动物全书：美国国家地理“影像方舟”》《国家地理珍稀鸟类全书》等。

（4）自然科普绘本

针对更低年龄段的读者，我们开发了少儿科普绘本，如“亲近大自然”生态科普绘本、“守护长江精灵·原创生态童话”原创生态文学等。

3. 形式上，注重内容多元化开发，搭建融合出版知识服务平台

多元化的产品呈现能充分利用内容资源满足读者的个性化需求，目前苏科社已开发视频课程、有声读物、公众号推文、短视频等多种产品形式。

（1）开发面向中小学生的科普视频课程

我们与中国科学院南京地质古生物研究所合作开发的《发现·中国——古生物大讲堂》融媒体合作出版项目，由中国科学院院士、南京地质古生物研究所研究员戎嘉余领衔，集聚 20 余位优秀古生物学家，按照地球从有生命开始到现在的时间顺序设计主题，向中小学生讲述神奇有趣的生命演化故事。

这套产品由 21 个视频组成，每个视频 20 分钟左右。内容涉及生物大灭绝、恐龙世界、植物庞贝城等，犹如一座跨越几十亿年的生命演化博物馆，展示了饱含生命哲学的地球史。

《发现·中国——古生物大讲堂》入选“十四五”国家重点出版物出版规划项目，荣获江苏省优秀科普作品一等奖。目前，我们正在开发第二期，希望将生命演化的故事讲完整、讲细致、讲生动。

我们还开发了一套“青鸟实验室”视频课程。该课程是根据小学《科学》现行教材设计的独创科学实验，共有 240 个视频，所有实验既贴近教材，又不拘泥于教材，兼具趣味性和独创性。每个视频时长不超过 3 分钟，由专业

团队拍摄，步骤清晰、讲解明确，实验过程中配有文字注释。

（2）配合纸质书，开发有声读物

我们的少儿科普绘本“神奇绿色营”是中国首套环保主题儿童生态童话。围绕这套丛书的 IP，我们也开发了一部同名少儿广播剧。

（3）搭建融媒体科普平台，为精准目标读者提供知识服务

我们在互联网融媒体平台建设上也做了一些尝试，比如“青鸟新知”科普融媒体矩阵（人文科普品牌，聚焦生命科学、天文、古生物三大领域，传播科学新知）和“凤凰追光”生态科普平台（以“人与自然和谐共生”为理念，传递生态环保意识，倡导绿色文化）。

以“青鸟新知”为例，这一品牌的理念是“与发现者同行，做有温度的科普”，立足生命科学、天文及古生物三大板块，以人文视角、富于知识性与趣味性的内容，讲述探索与发现的故事，展现万物生灵之美，传递科学真知，塑造平等、共生、自在的生态观、美学观、生命观。

2022 年，“青鸟新知”科普融媒体矩阵完成微信公众号、微信视频号、抖音、B 站、快手、小红书等平台的账号搭建。由“青鸟新知”与中国科学院南京地质古生物研究所专家合作创作的科普短视频荣获“2022 年中国科学院科普视频图片大赛”公开组科普短视频类三等奖（2 项）、入围奖（1 项）。在 2022 年出版行业新媒体影响力榜单各平台 TOP5 账号中，微信视频号“青鸟新知”位列平台第三，抖音账号“青鸟新知”位列平台第五。

我们还专门搭建了直播间，以方便视频拍摄和直播活动的开展。

依托社交媒体平台聚拢的用户有着相似的属性与诉求，所以会形成较强的用户黏性。这一方面有助于提高我们的产品转化率，另一方面也犹如一个读者池，帮助我们实时了解读者的喜好和需求，确立选题方向。

四、关注国家战略，在科普领域做主题出版

苏科社在开发科普图书的同时，也密切关注主题出版和科普出版的融合。北京大学出版社原社长王明舟认为，自然科学主题出版可以分为六个大类：科学家精神、科技战略和科技问题、专业科技类的主题出版、科技史学科史、大国重器、国家科普。

党的十八大明确提出大力推进生态文明建设，努力建设美丽中国，实现中华民族永续发展。党的十九大将建设生态文明提升为“千年大计”，将“美丽”纳入国家现代化目标之中，将提供更多“优质生态产品”纳入民生范畴。生态文明是我们始终聚焦的主题，以此为导引，我们关注着国家的各项战略规划、政策导向及热点关切，积极在长江大保护、第二次青藏高原综合科学考察、生物多样性保护、粮食安全、海洋安全等重点、热点选题上开发科普图书。也正因为如此，苏科社的科普图书往往具有较好的主题性，做到服务于时代。

例如，《山川纪行》是基于国家启动第二次青藏高原综合科学考察研究的背景而策划的。我们在策划中注重挖掘作者创作这一独特文本的精神内源，所以在成书中可以感受到一位精神世界丰富深邃、趣味广博的中国科学家眼中的大美中国和饱满深厚的赤子情怀，以及自强不息、求真务实、勇于攀登的中国科学家精神。

《登峰测极：2020 中国珠峰高程测量全纪实》是基于珠峰高程测量登山队成功登顶珠穆朗玛峰的历史性事件而策划的，揭秘珠峰高程测量背后的高科技手段，让读者跟随登峰者一起见证中国力量，感受登峰精神，了解背后的故事。

再如《悟空传：暗物质空间探索的中国方案》。我国暗物质粒子探测卫星“悟空”求取“真经”的过程，也是中国科学家逐渐走到世界舞台中央的过程，将“悟空”的立项背景、研制历程、所获成果编辑出版，可以充分展现暗物质研究艰苦而精彩的幕后历程，介绍暗物质的来龙去脉以及科学家对暗物质的奇异畅想，为弘扬新时代科学精神、传播重大科技成果、增强民众科技自信、激发青少年科学热情发挥应有作用。

目前苏科社的科普产品取得了一些成绩，例如在 2019 至 2022 年，苏科社连续 4 年有科普图书入选“中国好书”年度榜单；多个项目入选中宣部主题出版重点出版物选题、“十四五”国家重点出版物出版规划等。在市场表现上，苏科社的科普图书排名也大幅提升。我们相信，只要我们立足时代所需，始终以一流品质为目标，科普出版一定会更加繁荣。

傅 梅

江苏凤凰科学技术出版社党委书记、社长，编审。从事编辑工作30余年来，策划编辑的专业图书获国家级、省部级奖项10余个，主持、策划或参与策划了16个大型重点出版项目，包括国家出版基金项目《中国长城志》、《中国运河志》、《山川纪行：第三极发现之旅——臧穆科学考察手记》、“中国传统村落与乡村振兴丛书”等。先后获评第十四届韬奋出版奖、第五届中国出版政府奖优秀出版人物奖、2021年中宣部文化名家暨“四个一批”人才（出版界）、第三批江苏省新闻出版行业领军人才、江苏省优秀中青年编辑、江苏省“巾帼建功”标兵等。

关于出版高质量发展及其社会价值的几点思考

·袁亚春·

一、高质量出版是新时代出版的必然要求

（一）经济社会进入新的发展时期，出版业迎来新的发展机遇

当前，我国社会的主要矛盾是人民日益增长的美好生活需要和不平衡不充分的发展之间的矛盾。全面建成小康社会后，人民的文化消费正成为新的经济增长点，出版的很多方面也在发生改变。一是消费需求升级，经济增长动力转换。人们越来越重视精神需求，文化消费在居民消费中占比不断提升。二是从产业的发展历史看，文化产业尤其是出版业，更应该是高质量发展的先行者。出版不仅需要满足基本的功能性需求，比如教育需求等，更要着力于知识的整合，着力于内容价值的不断延伸，进而实现几何级数增长。

因此出版业不但有高质量、内涵式发展的内在要求，作为现代出版传媒产业的重要力量，还应该集中时代精英的智慧，在资源平台、人才制度等方面融合各方面的力量，形成新的出版力量，在新的发展机遇中彰显自己的新价值。

（二）出版高质量发展需要突破的瓶颈

1. 出版满足精神文化需求的功能存在不平衡、不充分的情况

多出精品好书，是满足社会精神文化需求的重要手段。但必须承认，出版满足精神文化需求的功能依然存在不平衡、不充分的情况。国家新闻出版署为打造精品，有几大重要抓手：一是确定国家五年规划重点选题。入选国家五年规划的重点选题有 3000 种左右，包括每年逐渐补充的，分摊到每年有 600 种左右。二是扎实推进国家出版基金项目。国家出版基金项目中有一部分是来自五年规划的重点选题。三是抓好中宣部主题出版重点出版物。中宣部主题出版重点出版物选题包括图书选题和音像电子出版物选题，通常每年有 100 余种。即便这些都做成精品，其在整个出版市场的占比依然是很低的，出版单位必须以此为引领，不遗余力地强化精品生产的力度和广度，不然根本无法满足社会对高质量文化的需求。

2. 出版人对国家战略需求的把握有待加强

把握国家战略需求，需要出版人对国家和社会发展的方向和路径有清晰的认识。一些出版人在“抬头看路”方面有一定优势，也有一些出版人可能属于“埋头拉车”型，满足于被动接受作者来稿，做好“一对一”的服务，而不太善于在宏观上把握大势。对大势把握不准就体现不出能够承担国家级出版项目的能力，从而失去发挥更大的社会功能的机会。在把握大势方面大型出版社相对容易一些，但对于大部分的中小型出版社并非易事。

3. 学术出版上，掌握学科前沿的主动性有待加强

掌握学科前沿的主动性有待加强，具体表现在学术判断能力和学术对话能力不足。在一名学者眼中，出版社可能只不过是他的学术发布平台之一，而不是全部。你是他思想产品得以传播的渠道，但不是他思想或学术上的同道。如果你要成为他的同道，那就必须做足学术上的功课，从根

本上提升你的学术判断能力和学术对话能力。

4. 出版社市场拓展能力弱，离市场越来越远

在选题策划的时候很少有编辑能够深入市场，跟读者深入交流，切实了解市场需求。我们对市场的研究很多时候只停留在调研数据上，这也许就是出版社市场拓展能力弱的症结。

5. 出版对新科技、新平台的反应敏锐度不够高

距“融合出版”的提出已经过去很多年了，但不可否认，在融合阵地打头阵的往往是非传统出版企业，而传统出版企业的数字化收入份额占比始终较小。

6. 出版业供给侧结构性问题依然突出

新的优秀作品供给少，精品力作凤毛麟角。具体表现在两个方面：一是从出版的形态上来看，满足新阅读方式的出版物大多仅仅停留在物质形态的改变上，内容价值没有根本提升，加上一些新媒体终端的在线阅读体验感很差，导致受众的阅读意愿极低。二是库存居高不下。相关数据显示，图书的存销比例达到了 1.56∶1。简单来说，就是卖掉 1 块钱的书，还有 1 块 5 毛 6 分的书在仓库里面躺着，这是一个非常不良的数据，相当于流动资产大约一年半才能周转一次。

7. 发展动力没有根本转换

目前绝大部分出版社仍然是依靠最基本的生产要素——传统的编辑劳动以及提高定价来拉动规模增长的。据《2020 年新闻出版产业分析报告》，全国出版的图书不到 49 万种，包括了新版书 21.4 万种、重印书 27.5 万种，总印数 103.7 亿册（张），总码洋 2185.3 亿元，与上一年相比，新书品种降低 5.0%，总印数降低 2.1%，但总码洋增长 0.3%。这些数据表明：印数的下降速度依然快于品种的下降速度；生产码洋的增长速度快于印数的增长速

度，定价增长较快，但是印数跟不上；出版单位的发展方式仍然依靠资源带动，未能转移到依靠质量和效益提升上，出版行业管理能力的提升跟不上产业发展的内在要求。

8. 编辑出版人才队伍建设面临新的挑战

编辑出版人才队伍建设问题主要表现在体制、竞争环境、内部人力资源管理等方面。从人才的存量来看，人才结构不合理，人才专业化程度不够高。具体表现在编辑的策划能力普遍不足，绝大多数编辑只能做案头工作，经营人才和融合出版人才十分短缺。从人才的增量来看，高层次人才流入不够，有高学历、高职称、高影响力、高收入要求的流入者不多。从人才的流动趋向来看，在一定程度上还存在着逆淘汰现象，具体表现为出版人才的结构失衡，尤其是优质人才流失现象严重。从人才的生存机制来看，国有出版企业仍旧存在一定体制性缺陷，比如员工的责权利不匹配、考核奖惩力度不等。

二、通过推进精品出版实现高质量发展

围绕中心，服务大局，出好书、出精品，转变出版发展方式，推动出版高质量发展是国家对出版单位的要求，也是出版单位寻求自身良性发展的必要途径。

（一）坚定不移走精品之路

什么才是图书“精品”？通常有以下几个衡量维度：一是在内容承载上，精品应该是具有一定学科引领和学术创新价值的学术著作，或具有较高的文化传承价值和审美价值的文化类作品，或内容健康、质量上乘的通俗读物，无论什么品类的图书，其政治导向、价值取向和审美观都必须正确。

二是在审读和编辑加工上，精品应该是通过编校人员精编细校打磨出来的，不但编校质量要完全符合甚至高于国家规定的标准，而且在内容处理、语言表达等方面，与作者原稿相比有实质性的提升。三是在图书的设计上，精品的外在形式必须忠实表达图书内容，体现高尚的审美情趣，符合主流的文化价值，并且在此基础上嵌入适度的个性表达和艺术创新。图书设计的高境界体现在内容与设计的高切合，让读者在更好地了解内容的同时忽略设计本身，而不是花了不少精力做些花里胡哨的设计，到最后却成了读者了解和阅读内容的障碍。四是在图书的制作上，精品所用的制作材料不一定是最贵的，工艺也不一定是最具创新性的，能够紧贴内容才是关键，有时候简洁朴素的制作，恰恰符合出版的理念。五是在国际化和产业融合上，随着我们国家文化“走出去”的进程不断加快，大数据、云计算、人工智能等现代信息技术和出版相融合的趋势逐渐凸显，精品应该具备国际化、数字化的潜质。

精品化是动态的概念，在一个时间点上观察一家出版社所出版的图书，它们不一定都是精品，但这家出版社必须有一个引领精品源源不断生产出来的目标以及能够守住所有图书质量符合国家标准的底线，并通过一系列措施，逐年增加精品出版物的占比，形成具有出版社自身特点的出版方向和品牌，这才是精品化的真正含义。

（二）出版精品化的正确路径

真正的好书是需要经过市场检验的，市场又是需要引导的，只有那些切合时代命题、符合主流价值观，又能够被大多数读者认可的图书，才算得上精品。当然，有些只被小部分专业领域的读者接受和称道的图书也是精品。如果以上说法成立的话，就说明精品绝不是靠主观的愿望堆积出来的，也绝不是由出版社自己定义的，而是由读者和市场来定义的。

1. 明确重要定位，开大门，走正道，守正出奇拓空间

作为文化产业的核心领域，出版业所承担的文化使命和社会责任，是依托我们的出版物体现的。如果一个出版社为了一点蝇头小利，总是做一些价值不高的图书来赚点小钱，无疑是承载不起崇高的使命和责任的。所以我们需要跳出出版去看出版，从新时代社会主要矛盾的变化，国家战略需求的变动，以及技术的新发展和文化消费的新趋势去把握出版的动态资源和新的机会。

2. 加快出版供给侧结构性改革的步伐，优化出版结构

一个出版社要做好做对“改革”这道题，优化内部结构非常关键，主要包括选题结构、组织结构、人才结构、资产结构、管理制度结构等的优化，最核心的就是优化选题结构和人才结构。选题结构支撑着一个出版社的发展水平，应该怎样生产才合理，核心板块应该由什么样的选题来构成，这些不仅是结构性问题，也是出版方向和理念定位的问题。出版方向准确，理念定位清晰，这些问题就都解决了。至于人才结构的优化，主要也是围绕精品出版所需而进行的。精品出版需要什么，我们就配备什么样的人才。通过引进、联合培养等方式逐步增加高学历、高职业素质、高行动能力人才的占比；特别是随着融合出版的推进，更要加强对有市场眼光、国际视野、人文情怀、科学素养人才的培养，以此带动人力资源整体结构的优化。

3. 不遗余力地拓展和培育优质的出版资源

出版资源包括人才资源、信息资源和社会资源，而我们要重点关注、不遗余力地拓展和培育优质的出版资源。比如浙江大学出版社就要整体对接学校重要的教学和科研平台。浙江大学有 21 个双一流学科，在最近几年的国际重要学科排名当中，有 19 个学科入选 ESI 全球排名前 1% 学科（根据 2020 年 3 月 ESI 数据），6 个学科进入泰晤士高等教育世界学科排名前

100（根据 2021 年的数据）。“近水楼台先得月”，这样得天独厚的出版资源，如果不去深入挖掘，加以开发，既是不负责任的，也是没有智慧的。除此之外，浙江大学出版社也在与校外优秀的大学和平台进行战略合作，比如已经跟北京大学、清华大学、复旦大学等学校，以及故宫博物院、中国工程院等机构建立起长期的战略合作关系。同时，拓展资源和培育资源等必须依托作者队伍的建设。出版社要用诚信、匠心才能取得大家和名家的信任，并且从他们那里争取到更多的优质稿件，把它们打造成精品。

4. 建立有利于精品生产的制度保障和机制保障

目前国内有 580 多家出版社，所以具体到每个出版社难免会错失一些好选题。但是一家出版社要发展，关键不在于可能错失的一些好选题，而在于内部管理机制上有源源不断吸引好选题的“高招”，所以判断一家出版社能不能在精品出版上走得长远，关键要看有没有一套有利于精品生产的机制做保障。

5. 苦练内功，在专业编辑队伍建设方面下功夫

一个好编辑跟一个普通编辑的差距体现在哪些方面？我认为首要的就是专业水准和职业素养。能否真正策划和编辑出版学术精品，与编辑自身的知识结构和学术背景等密不可分，所以出版社必须在这些方面上下功夫，建立一定的“边界”。编辑要靠专业知识和技能去编书，不能够什么书都编。

（三）进行编辑的相关培训

编辑培训其实不单是具体编辑业务的培训，更重要的是一种职业意识、职业感情和职业尊严的培育。没有职业意识和职业感情，做出来的书就是一个很普通、很简单的产品。职业尊严是靠好书建立起来的，而不是靠说服上级领导或者媒体人就能给予。同时，拓宽编辑的国际视野和培养编辑对新技术和产业变动的敏锐反应能力等都非常重要。

（四）厘清做强主业、融合出版、出版供给侧结构性改革等一系列问题的思路

一是要从集聚优质内容入手，做好选题，把主业做大做强，尤其要做好图书出版。二是推动新型出版与传统出版的深度融合。重点是在挖掘新的增长点上，尤其需要注意所谓的传统出版与新兴出版没有好坏之别，只有适应与不适应之分。所谓的融合不是一系列毫无关联的因素的无序堆积，而应该是有内在逻辑关联因素的有序组合。三是出版必须坚持出版的本质不变，但出版又必须是开放的出版、绿色的出版。四是通过创新升级，优化传统的编辑工作方式和环境，增加编辑出版的价值。五是按照“三去一降一补”的供给侧结构性改革思路，尽力满足人民群众对出版的真实需求。

三、以知识整合和学术服务彰显出版的社会价值

（一）做出版不是简单地做文化与学术的“搬运工”

出版本质上是一种服务，但这种服务应包含无限的创意，而不能将知识简单堆砌，做知识的“搬运工”，所以，它又是一种创意产业。

出版一开始就具有促进知识整合、学科分类的功能。出版不仅仅是把作者的稿子拿过来、编出来。大思想家们通过探索思考后形成的知识，往往是综合的，一开始没有专业的分类。比如我们往往很难把苏格拉底、柏拉图、老子、孔子等人的思想归结为某个学科。先秦时期，百家争鸣，各个门派也并不是按照知识的专门领域（如哲学、经济学等）来定义的，而是按照对事物的基本认知和观点的不同来区分的。学科分类发展是一个很漫长的过程。自 15 世纪中叶古登堡发明欧洲活字印刷术以来，出版尤其是学术出版，极大地促进了整个社会的知识整合和学科分类。15 世纪到 18 世纪，

欧洲的知识界基于对通用知识和专门知识不同应用的认知，通过大学课程、图书馆、百科全书这三个重要支撑，构建完整的知识体系和组织体系。出版商将编撰满足各种需要的自然百科全书变成一种专门性工作，甚至有一些著名的出版商联合起来，在设置好图书结构和内容的基础之上，聘请最著名的学者撰写工具书，比如《不列颠百科全书》等。18 世纪晚期到 19 世纪，当某些专门性知识在一个知识体系内部出现个性化需求，在它的内部就开始出现更加专业化的学科分类。在学科分类发展过程中，所有这些知识整合或者学科分类的研究机构都有期刊和书籍出版相互呼应，甚至相互依存，这也体现了出版在知识整合和学科分类上所起的作用是不可替代的。如果没有大量的期刊、图书的出版传播，学者们的观点便只能停留在课堂、手稿里，他们的观点将会是零散的、不成体系的，缺乏进一步演进的动力。在出版商介入以后，学者能够把这些知识传播给大众，甚至按照大众的不同需求配置出版不同的图书产品，这些知识由此在社会上成为一种非常受大众欢迎的东西。

（二）中国现当代学术出版依然是知识整合的主导力量之一

中国现当代的学术出版，依然是知识整合的主导力量之一，比如 20 世纪初以翻译西学为主的出版，就极大地推动了西学东渐，严复、鲁迅、王亚南、郭大力等学者的翻译出版为中国近现代文学思想和学术发展开启先河，尤其是马克思主义在中国的传播，出版在其中所起的作用无可替代。严复翻译的《天演论》产生了振聋发聩的影响。像严复这样的翻译家和学者，便成为主动引入西方自然哲学、经济学等学科的鼻祖。到了当代，出版更是成为发展知识、思想、学术重要的推动力量。我们可以举一些例子来说明。

1.“汉译世界学术名著丛书”

商务印书馆出版的“汉译世界学术名著丛书”，是中国当代学术出版推动知识整合和学术研究最成功的案例之一。这套书从1981年开始启动，出版社按照经济学、哲学、历史等学科分类，每隔几年就邀请各学科的权威专家认真研究选题，选定翻译书单。2021年末整套书已经推出了850种，可谓洋洋大观。可以说，中国的学者无一例外，都从这个系列的阅读当中得到过系统的社会科学的滋养。“汉译世界学术名著丛书”俨然一所大学，呈现了近代西方学术思想的整体样貌。它的翻译出版对中国的学术研究以及中国的思想解放和知识普及起到了极大的推动作用。

2.“中国思想家评传丛书”

南京大学出版社出版的“中国思想家评传丛书”极大地推动了中国思想史的研究。这套书有200部，被誉为世纪之交“规模最大的中国传统思想文化研究工程”，也是中国传统文化研究的一项重大的原创性、基础性工作。南京大学出版社在出这套书的时候精益求精，为了保证每一本书的顺利出版，动用了能够动员的所有力量。在作者的写作阶段，编辑就提前介入，大到文章内容体例的编排，小到具体编纂时间节点的确定，编辑们都事无巨细地与作者一一做好对接，让作者们能够安心地创作，打消后顾之忧。2008年，出版社又在这200部原作的基础之上，出版了简明读本，以短小精悍的篇幅向大众进行了学术普及，向每一位愿意了解中国文化的普通读者打开思想窗口。后来这套书被推到了国外，走向世界。

3.“人文社会科学是什么”丛书

知识普及类精品图书的出版，同样对知识整合和传播起到无可替代的作用。北京大学出版社出版的“人文社会科学是什么”丛书是一套科普性质的读物，每本书邀请知名院校的知名学者倾力撰写，对那些想快速了解一个学科的框架、知识体系及主要流派的读者大有裨益。这套书目前出版了哲学、文学、美学等16个学科分册，用比较浅显的语言，讲清了这些学科的研究对象、研究框架、研究方向以及一些脉络和前沿性问题。这套书对于中学生、大学生和人文社科领域的爱好者来说具有启蒙意义。由于比较切合这些刚刚进入新的学科领域的读者的需求，该丛书自推出起畅销20年，销量超过百万册。

像这样的例子很多。比如浙江大学出版社出版的“中国历代绘画大系”，历时近20年，对分藏在世界各国的中国历代绘画作品进行系统的整理、研究、编纂出版，形成62卷计232册的皇皇巨著，为中国艺术学特别是艺术史学科的发展和完善提供了基础性条件。由于最近几年关于这套“大书”的新闻报道已较多，这里不再赘述。

（三）数字化背景下，学术出版的重要方向是建立知识关联体系，开展知识服务

出版天然具有知识运动的属性，以数字化和互联网为背景的知识服务，让我们的出版有了更多的发展空间和前沿方向。但是传统纸质书籍存在的问题是其提供的知识是“块状化”的，也就是不同的书籍之间几乎不存在有机关联（精心策划过的某些丛书可能会有一些关联）。同时，由于纸质书不可在线搜索，知识的呈现也存在“信息孤岛”问题。构建纸质书完整的知识关联体系，可以从出版的本质和功能的视角，做好以下几个方面的工作。

首先，形成有序的知识关联，这对书籍内容价值流动具有特殊意义：有利于高效管理知识，提高知识习得的效率；有利于实现内容整合后新的价值的实现，以及读者个人知识体系的构建；有利于提高知识转化效率，促进知识的多样化运用。

其次，通过对内容的深度解构与重组，建立知识关联体系。通过多维

度标签，建立覆盖知识所有属性的标引体系；通过对知识消费者画像，完整呈现知识与人之间以及人与人之间的关联，揭示知识的完善和发展轨迹。

再次，保持知识运动的开放性，整合与书籍内容相关的外部资源，确保知识关联体系的持续更新。

总之，出版的知识服务必须以内容为基础，既要顺应互联网高速、碎片化、交互、灵活多样的特征，又要尊重出版物内容相对稳定、系统的特征。而真正能够有效解决这个矛盾的唯一途径，就是构建知识关联基础上的信息交互。

袁亚春

浙江大学出版社特聘编审、原总编辑，现为中国编辑学会常务理事、浙江省期刊协会副会长，入选全国新闻出版行业领军人才、浙江省“五个一批”人才，获全国优秀中青年图书编辑、高校出版人物奖等荣誉。合作出版《经济思想通史》等学术专著3部，发表专业论文32篇，承担国家社科基金项目1个（合作），主持浙江文化研究工程重大项目2个；研究成果获教育部哲学社会科学研究优秀成果奖三等奖、浙江省哲学社会科学研究优秀成果奖一等奖等多个奖项。担任国家重大出版工程及国家出版基金项目“中国历代绘画大系”负责人，策划或编辑的图书曾获中华优秀出版物奖图书奖、浙江树人出版奖等30余个奖项。

编辑的价值

·白冰·

图书是文化的载体，出版是人类生存智慧、精神文明成果的传递，是民族文化的传承，出版的目的是服务读者、服务社会，推进人类精神文明的发展和提升。价值出版，就是出版有价值的好书，其核心在于内容，而内容的编辑工作是出版工作的核心，所以明确编辑的价值对于我们做好编辑工作非常重要。

那么，编辑的价值体现在哪几个方面呢？

编辑的价值涵盖四大方面：发现价值、挖掘价值、体现价值和实现价值。

一、发现价值

（一）发现读者

1. 发现读者

出书之前，我们要了解清楚我们为谁出书，读者的需求是什么，要选择什么样的作家和什么样的画家。

我认识一位外语教学与研究出版社（简称“外研社”）的编辑，他在之前的英语“学习热”时期，发现了中学生、大学生对经典名著中英对照阅读的需求，于是想策划一部经典名著的中英双语读物。他走遍了北京的各类图书馆，调研图书馆里借阅率最高的外国文学经典名著，排除众议说服社务会，策划出版了“90

年代英语系列丛书”，该丛书采用中英对照设计，极大地满足了读者的需求，在市场上产生了巨大的影响。很快，这套丛书出版了近百册，在 20 世纪 90 年代，它的发货码洋约 8000 万元，受到了读者和市场的认可。这不仅体现了书的价值，还体现了编辑的价值。这位编辑后来成为外研社的国际部主任，之后又升职为社办主任、社长助理，当了 4 年副总编辑、9 年总编辑，最后成为外研社的社长，他就是外研社的前任社长蔡剑锋。

2. 探究读者的阅读心理和阅读习惯

“暮光之城”系列中文简体版图书自 2008 年 8 月起由接力出版社（简称“接力社”）引进出版后，凭借其浓郁的青春气息和鲜明的时代色彩，受到众多读者的追捧和喜爱。截至 2021 年，该系列前四册图书——《暮色》《新月》《月食》《破晓》的销量已超过 430 万册，发货码洋超过 1.7 亿元，直到现在都是市场表现非常出色的引进版超级畅销系列图书。然而，也许是囿于文化背景的差异，这样一套颇具魅力的超级畅销书，并不是一开始就引起国内出版界的广泛关注。很多人对“暮光之城”系列所涉及的吸血鬼、狼人题材比较敏感，担心引进国内后会“水土不服”，而且该系列图书在率先引进的日本、韩国及中国台湾地区并没有引起太大反响，销量平平，这进一步加深了出版人的顾虑。

经过对文本进行仔细研读，我们确信“暮光之城”系列具有在市场畅销的潜质，因为跌宕起伏、亦真亦幻的奇幻故事，细腻真挚的情感描写，悱恻动人的爱情主题等，都是吸引读者的资本。“暮光之城”系列或许原本只是一个纯真的爱情故事，但加上了超自然力量的背景，一切都变得荡气回肠。于是，我们抢在第一时间接洽该系列的版权商。2021 年 4 月，“暮光之城”系列新书《午夜阳光》与粉丝见面了。这一次，作者梅尔从男主角爱德华的视角讲述对爱情和生命的全新感悟。读者在不同于以往的“暮光之城”

世界里，不仅可以看到一名成熟、有责任心的男性是如何在爱情里辗转反侧、纠结、焦虑，还能看到不同于人类爱情观的另类爱情。《午夜阳光》2020年8月在欧美地区上市2个月就爆销200万册，2021年4月在国内出版后，首印的5万册书上市一周即售罄，由此可见，这本书受到了国内外读者的热捧。

3. 适应读者文化消费习惯的改变

2009年，接力社出版的“第一次发现丛书”是畅销30余年的法国国宝级儿童科普经典读物，由法国伽利玛少儿出版社（简称“伽利玛少儿社”）编纂，采用全球首创的胶片印刷工艺，向3～8岁的孩子呈现了一个丰富多彩的世界。2003年引进这本书之前，它的估价很贵，平装版十五六块钱一本，精装版则更贵。当时童书的平均定价大概在十块钱，薄薄一本书若卖十五六块钱，读者会觉得贵，所以当时就没有做这套书。但是在2006年至2007年，市场上童书的平均定价已经是十五六块钱了，而且读者的文化消费水平大幅提升，这时我们听说伽利玛少儿社还在寻求合作，于是我们马上主动联络对方并火速前往巴黎谈判，经过努力，最终拿到授权。这就说明，在读者的文化消费水平普遍不高的时候，我们出版超过他们经济承受能力的书，可能不会成功。但是当读者的文化消费水平提高时，我们再出版这种高质量、高定价的书，他们就会容易接受和购买。事实证明，我们的判断是对的，截至2021年，“第一次发现丛书”出版了200余种图书，发行量达830多万册，发货码洋接近2.1亿元。

（二）发现图书创作主体

作家、画家、专家是出版业重要的出版资源。编辑去发掘有潜力的图书创作新人，发现作家、画家、专家，是在为出版社、出版业积累出版资源，这也体现了编辑的重要价值。

格日勒其木格·黑鹤是一位非常优秀且有潜力的青年作家，2001 年至 2002 年，他在《儿童文学》《少年文艺》等杂志上发表了很多描写草原文化的中短篇动物小说。小说中的内容都是作家真实的草原生活和经历，没有这些经历，他是写不出这样的作品的。2006 年，在北京师范大学举办的儿童文学座谈会上，我跟黑鹤见面了，并且向他约了一部长篇小说。黑鹤将一部名为《黑焰》的长篇小说给到接力社，小说描写了一头名叫格桑的幼年藏獒经历坎坷的成长故事。《黑焰》上市后很快受到了读者的喜爱和业界的关注，一举拿下国内外各种奖项，如第七届全国优秀儿童文学奖、第三届“比安基国际文学奖”小说大奖等。之后黑鹤一直跟接力社合作，相继出版了《黑狗哈拉诺亥》《我和小狼芬里尔》《血驹》《狼獾河》《狼谷的孩子》《黄昏夜鹰》等 20 多部作品，其中很多作品荣获了全国优秀儿童文学奖、冰心儿童图书奖、精神文明建设“五个一工程”奖、陈伯吹国际儿童文学奖等奖项，版权输出到英国、加拿大、瑞士等多个国家和地区。

发掘作家，然后和作家一起成长、一起获得成功也是编辑的价值所在。一名编辑一生中能够发掘一位作家或几位作家，和他们合作并获得成功，这就是编辑的最高价值。

许多人都知道，对于茅盾文学奖获奖作品《白鹿原》的成功出版，有几位编辑功不可没。从 1973 年起，还是人民文学出版社现代文学编辑室编辑的何启治向作家陈忠实约稿。在那之后的近 20 年，两人一直保持联系，但是人民文学出版社一直没有出版陈忠实的书。陈忠实完成《白鹿原》之后，告诉了何启治。1992 年 3 月，人民文学出版社的编辑高贤均和洪清波去成都开会，受何启治委派顺道去西安陈忠实处接收书稿。当陈忠实把倾注了自己 6 年心血刚刚完成的长篇小说《白鹿原》书稿交给高贤均时，内心忐忑不安。事后陈忠实回忆，他紧张得“竟然连一句话也说不出来，那时突然涌到嘴边一句话——我连生命都交给你们了，最后关头还是压到喉咙以下没有说出，却憋得几乎涌出泪来”。高贤均当即做出了一个既诚恳又职业的承诺：“我们会认真看，看完以后我们再交换意见吧。”陈忠实知道他们还要去成都，心想这部近50万字的长篇小说书稿，走完审阅的全部过程少说也得两个月。可是，出乎作家意料的是，刚过了20天，他竟然接到了高贤均的来信。原来，高贤均和洪清波在旅途上读完了全部书稿，而且形成了完全一致的意见——认为这是迄今为止我国当代长篇小说中最好的一部。回到北京当天，高贤均就给陈忠实去信，高度评价《白鹿原》。

《白鹿原》出版之后，引起了巨大的反响，被改编成电影、电视剧，还被翻译成多种语言输出到世界各地。《白鹿原》能够在中国文学史上占据很重要的位置，与编辑发现了作家的价值密不可分。

（三）发现确有文化价值、艺术价值、实用价值的文本

一本书是否畅销，取决于它作为文化商品进入市场流通以后收获的市场反响大小，而选题和图书质量的好坏往往取决于文本的优劣。图书真正的价值是蕴含在文本之中的，是通过文本体现出来的。有时候我们会在发现文本的过程中发现作家。这种发现的过程也是编辑的价值所在。

新媒体日新月异，使我们每天被各种平台的信息包围，但不是所有的信息都是有用的，有的甚至是垃圾信息，造成这种现象的原因是没有专业的编辑去把关。不同于传统媒体，在新媒体平台上，人人都可以成为信息的创作者和传播者，从而使得太多人沉迷在信息的海洋中无法自拔，却收获甚微，因此发现有用的文本是编辑的价值所在。

这里我要提到作家出版社原副总编辑龙世辉，以及他编辑出版曲波的著作《林海雪原》的故事。20世纪50年代初，国内缺少通俗而富有传奇色彩的长篇作品，曲波根据自己在东北剿匪的故事写成了长篇小说《林海雪

原》，并投稿给了当时的作家出版社（人民文学出版社副牌）。龙世辉当时是一名年轻的助理编辑，他拿到稿子后进行了认真的研究，觉得曲波亲身经历的剿匪故事非常精彩，题材十分难得，《林海雪原》有成为新一代武侠名小说的潜力，但是从人物描写到篇章结构都没达到出版要求。于是，龙世辉为《林海雪原》的诞生尽了自己的努力——和作家曲波一起，三个月闭门不出，从框架结构到章节名字，从故事细节到人物语言，一点一点地修改，最终作品整体质量有了大幅度提升。在定稿后，曲波提出作者署两个人的名字。龙世辉笑了笑，没答应。他说，推出作家，是编辑应该做的。当时的人民文学出版社总编辑王任叔（笔名：巴人）看到这部审阅修订的原稿后，做出决定，将龙世辉由助理编辑破格提升为编辑。而《林海雪原》影响了中国几代人，至今仍然是广为流传的经典之作。

二、挖掘价值

出版并不单单是将文字、图片资料进行合理的排版，编辑作为素材收集的第一人，需要在众多的信息中做筛选，不仅要组稿排版，核验出版内容，对字词的准确性进行辨析校对，还要提炼内容传达的思想精髓，逐字斟酌，挖掘书稿独特的艺术价值、实用功能和创新性，为整个出版过程做好基础建设工作。这个过程最能考验编辑的基本功，最能体现编辑的创新能力和编辑能力，最能体现编辑的知识含量、技术含量、美学含量和道德含量。

简单来说，一本书的宣传点包括卖点和买点，卖点指的是图书的市场价值，包括全球销量、影视改编情况、在各大图书排行榜上的排名等，而买点是编辑从图书中挖掘出来的能够满足读者阅读需求的图书独特功能和价值。优秀的编辑能够在编校作业中找到好书，并从好书之中挖掘出卖点和买点，体现图书的内在价值。因此，在编校作业中挖掘图书价值也是编辑的价值所在。

接力社有一名编辑叫陈邕，他在大学是主修英语的。他有个习惯，每天要花很长时间在网上浏览与出版相关的英文网站。2003 年底，陈邕在美国亚马逊年度十大畅销书的排行榜中发现了一本科普类图书——《万物简史》，他对这本书的印象非常深刻，并最终拿到了这本书简体中文版的版权。大到《万物简史》整个项目的运作，小到封面、版式的设计，封面文案、广告语的定稿，乃至书名、篇章题名的确定，他都参与其中，在图书出版过程中发挥了至关重要的作用。比如，封面文案“为万物写史，为宇宙立传”，是陈邕在大量翻阅、收集图书相关资料时看到的一句媒体评论，这句话一下子就击中了他，让他觉得这就是对这本书的完美诠释。此外，他还从众多国外读者的评论中发现了一位美国小读者的父亲的评论：读过《万物简史》之后，他对死亡不再感到恐惧。这句话被作者比尔·布莱森评价为“一本书所能获得的最高评价”。这句话最终被放入了图书的内容简介中。事实证明，这些文案都对图书的畅销起了画龙点睛的作用。《万物简史》上市 20 多年，销量已突破百万册，成为近年来市场表现非常出色的科普图书。

陈邕作为一名编辑，提炼出了《万物简史》精准的卖点和买点，使这本书获得了巨大的反响，让中国读者读到了世界上其他国家的优秀作品。我们也因发现文本而发现了作家比尔·布莱森，之后不仅出版了《万物简史》的不同版本，比如珍藏版、少儿彩绘版，同时还出版了比尔·布莱森其他优秀的科普作品《偏跟山过不去》《趣味生活简史》等，让这位作家成为中国读者非常熟悉的作家。接力社也因《万物简史》的出版，有了科普百科板块标志性的作品。从那之后，接力社逐步扩大科普百科板块，形成了从启蒙科普、少儿科普到万物新知科普完整的产品线。

上文提到的“第一次发现丛书”是最早的胶片书，但在出版时很多国内读者不了解它的独特价值。为了让读者迅速了解这本书的价值，编辑从中总结出培养孩子的十大能力：游戏中的概念认知能力、敏锐细微的观察能力、分类组合的思维能力、逻辑因果的推理能力、由表及里的探索能力、增长社会知识的学习能力、独特的“生命”感悟能力、空间地理的横向延展能力、时间文化的纵向理解能力、发现现实细节的能力。针对这十大能力，编辑还邀请阅读推广人走进幼儿园、绘本馆，把故事讲给家长和孩子们听。由于编辑挖掘了图书独特的价值，并告诉读者可以通过这套书培养孩子的十大能力，这套丛书受到了市场的认可。

有些图书文案没做好，营销不见成效，往往是因为编辑没有读懂书，没有挖掘到图书的独特价值。挖掘文本本身的价值，也是编辑的价值之一，只有让读者知道图书的独特价值，编辑才能点石成金，让好书焕发出光彩，从而产生文化影响，获得经济效益。2021 年，全国出版新书 20 余万种，其中少年儿童读物近 2 万种。编辑只有认真挖掘图书独特的价值，才能让好书脱颖而出，在茫茫书海中飞翔起来。

三、体现价值

体现价值指的是通过图书文案（内容简介、作家简介、广告语、宣传文案、专家评论、推荐理由等）、封面设计、图书推广活动的话题讨论等多种宣传载体和营销推广方式来凸显图书的内在价值。

首先，要起好书名，做好系列图书简介、单本图书简介、广告语，以及作家、画家、翻译家简介等文案工作。

《万物简史》的英文原作名 *A Short History of Nearly Everything* 翻译为

中文是“近乎万物的简史”，为了让书名简明扼要，同时参考了霍金的《时间简史》，我们把书名定为《万物简史》。书名起得好，是这本书被市场认同的关键原因之一。自那以后，市面上如雨后春笋般出现了一大批“简史”类图书。

“鸡皮疙瘩系列丛书”的广告语——“胆大的翻开，胆小的走开”，用了正话反说的方式，激发了小读者的挑战欲。试问哪位小朋友会甘心承认自己是胆小的那一个呢？

接力社在2021年4月出版了“暮光之城”系列的最新作品《午夜阳光》，这本书在海外一经上市就创造了销售神话，但对于国内读者而言，“暮光之城”毕竟是一个时隔多年的IP了，为了让这个大家曾经熟悉如今或许有些陌生的IP重新回到读者的视野当中，让这个早已证明过自己内容价值的经典系列作品获得新一代年轻读者的喜爱，《午夜阳光》的编辑们做出了许多努力。尤其是在封面文案的确定上，可谓历经坎坷。从正式开始书写文案到最终敲定内容，历时4个月之久，仅“关于本书”这一部分的内容就修改了5次以上，写出了“正序版”“双视角版”“跳脱版”等版本。《午夜阳光》宣传文案的难点在于要在唤回老读者和吸引新读者之间做出平衡。台湾版的宣传文案着眼于召回老读者，宣传语为“超过十年的等待，终能一窥爱德华的内心世界……”。而我们想要做到的是既能唤醒老读者的青春回忆，又能吸引喜爱阅读浪漫爱情故事的新读者。最终，几经讨论、反复打磨之后，我们形成了现在呈现给读者的封面文案：每颗心都曾经午夜，也都渴望阳光。

其次，要做好图书的整体策划方案，包括：确定图书整体设计风格、开本、字体字号、印制材料和工艺；确定图书面世时间；确定图书营销策略，传统媒体、新媒体的宣传推广策略，发行商、承销商的营销策略；确定如何做整合营销、渠道联动，在哪个平台孵化、哪个渠道培育，在什么平台起爆，通过哪些渠道和平台承接流量，以及在什么时间起爆，又在什么时间承接；等等。下面讲述几个案例。

接力社于2020年引进出版的“科学之友经典图画书”，在策划阶段就针对这套书的目标群体，选择在知名亲子教育博主的公众号做首发。要完整细致地展示“科学之友经典图画书”每个主题的特色和功能，以及为图书制作的视频素材，公众号是最优质的平台。拥有百万粉丝的亲子教育博主有着影响力不小和转化率极高的社群，同时社群用户与“科学之友经典图画书”的受众吻合度很高。我们决定在社群起爆，首团销售近15万册，上市5天紧急加印。为了更好地承接首团的热度和流量，我们又同时向多个公众号、短视频渠道进行推荐，在不少公众号、短视频账号、社群开团。团购结束之前，我们马上在全渠道铺货。上市6个月，这套书销售了72万册，发货码洋近1000万。

入选月度“中国好书”的科普读物《六极物理》，首选知名科普作家、短视频达人严伯钧的视频账号为孵化平台，因为他的账号当时拥有300多万粉丝，假设1%的粉丝购买《六极物理》，便能实现3万册的发行量，最重要的是，这1%的粉丝将成为《六极物理》的代言人、初代营销人以及话题发起者。在短视频平台起爆后，我们紧接着向外辐射多个视频平台和科普公众号，同时连线“网红”物理老师李永乐，与科普公众号互推，邀请科普专家推荐。这本书在不到一年的时间里印了近15万册，发货11万册，并荣登2020年7月“中国好书”榜单。

党建读物出版社与接力出版社共同策划出版了“中华先锋人物故事汇”系列图书，根据习近平总书记对青少年的期望与要求——人生的扣子从一开始就要扣好，在第一辑上市初期，我们把宣传推广活动的主题设计为“我们应该为孩子树立什么样的榜样？”。在之后的推广活动中，比如读者见面会、图书馆讲座等，我们都以“青少年应该成为怎样的人？应该崇拜怎样的先锋人物？”为活动内容的核心，传递榜样的力量，为孩子树立人生榜样。

2020年，“中华先锋人物故事汇”系列已出版两辑，共30个品种，累计发行量超过200万册，荣获“2019年度中国版协30本好书”，入选《2019年全国中小学图书馆（室）推荐书目》《教育部基础教育课程教材发展中心 中小学生阅读指导目录（2020年版）》。

最后，要做好整体营销方案，认真分析市场，选择上市时机，借势借力，体现图书的价值。

1995年，我拿到了《英国病人》这本书的中文简体版权。这本书具有独特的文化价值和艺术价值，但我在编辑的过程中也发现了它的一些问题，比如小说结构复杂、主题繁多，会给读者带来阅读障碍，所以当时如果只是作为一部文学名作出版，这本书很大概率会成为小众读物，而不会成为畅销书，也很难带来较好的社会效益和经济效益。在考虑其营销方案时，我得到消息——这本书的同名电影将参加奥斯卡金像奖的角逐，并且很有希望获奖。于是我们决定将这本书延期出版，打算利用奥斯卡金像奖的机会做好营销。在完成编辑审校、封面设计等工作之后，我们一直在焦急地等待奖项颁布的消息，等待过程虽然很煎熬，但最终我们等来了好消息：1997年，在第69届奥斯卡金像奖的评选中，《英国病人》大获全胜，获得11项提名、9项大奖。当全球媒体都在宣传这个消息时，我们发布了此书即将出版的消息，同时发布紧急征订，首印8万册，结果很快加印，一年内的发行量接近12万册。这本书虽然延迟出版近2年，但由于我们选择了非常巧妙的上市时机，采用了借势借力的事件营销手段，使这本书的价值得到了最大化体现。

四、实现价值

实现价值主要体现在两个方面：第一，优质图书推动了社会进步，产生积极的文化影响，进而实现出书育人、出书立人的理想和目标。第二，因为有了优秀的编辑，我们有了优质的图书，优质的图书传递了人类精神文明的精华，传递了人类的生存智慧，传递了民族文化的基因，推动了社会的进步。同时，优质的图书得到了大众与社会的认可，也产生了良好的经济效益，创造了社会财富，使得出版社得以积累资金，不断提高综合竞争实力，实现可持续性的稳定发展。而编辑也会在发现价值、挖掘价值、体现价值、实现价值的出版过程中，逐步提升和凸显自己的价值。实现图书价值的过程就是编辑提升和体现自身价值的过程。编辑一定要坚信，只要我们不断创新，努力探索，发现价值，挖掘价值，体现价值，实现价值，那么我们就是品牌，我们就是价值。

白 冰

本名白玉琢，儿童文学作家、中国作家协会儿童文学委员会委员；曾任作家出版社副社长，现为接力出版社总编辑、编审。曾获中国出版政府奖优秀出版人物奖、韬奋出版奖，被新闻出版总署评为“新中国60年百名优秀出版企业家”。编辑的主要图书有米兰·昆德拉著《生命中不能承受之轻》、尼古拉斯·埃文斯著《马语者》、迈克尔·翁达杰著《英国病人》。曾主导“怪物大师”系列、“荒野求生少年生存小说”系列、“暮光之城”系列、“蓝精灵”系列、“第一次发现”系列、“I SPY视觉大发现”系列、“巴巴爸爸”系列等项目的出版策划。

出版高质量发展当下应重视的若干问题

·缪宏才·

“高质量发展”这个词是一直就有的：2017年10月，党的十九大报告提出，我国经济已由高速增长阶段转向高质量发展阶段；2022年10月，党的二十大报告提出，高质量发展是全面建设社会主义现代化国家的首要任务。

现如今，人们对“高质量发展”的讨论也发生了变化。之前，人们主要研究“高质量发展”的概念，依据理解指出自己领域（行业）的“高质量发展”应该如何实施。现在，人们更多的是结合长期实践，对本行业、本单位的高质量发展做实操剖析，总结经验、归纳问题、设计方案，以进一步推进高质量发展。

当下，就出版界来说，有三个问题值得深入研究，其结果或许有助于出版的转型升级，有助于出版高质量发展。这三个问题是：“主题出版”、“数字出版”（融合出版）和“精准出版”。前两者是时下出版界的大热门，讨论“主题出版”有助于解决出版内容方向的问题，研究“数字出版”则可以促进对出版形式方面问题的认识和处理。至于“精准出版”，是我提出的一个概念，希望用以探讨解决近年新电商介入出版市场后给图书市场造成的“混乱”，以及给整个出版业带来的巨大困惑，这是目前出版问题的关键。

一、关于“主题出版”的思考

必须说明，这里我并不一般性地探讨“主题出版”，而是结合自己的工作，以及对同行的学习观察，思考如何才能“高质量”地做好“主题出版”工作。做且做好“主题出版”是我国每一家出版社甚至是每一个出版人的职责，但这在实践中难度很大，个人体会主要集中在入选难、送审难、实现难三个方面。

2012—2022年10年间，每年全国新书品种、主题出版重点出版物选题申报品种及其立项品种见下表：

年份	年新书品种／万种	申报数／种	立项数／种		立项数占申报数比例／%	申报数占年出新书比例／%	立项图书占年出新书比例／%
			图书	电子音像			
2012	24.2	1240	80	20	8.06	0.51	0.03
2013	25.6	1500	95	20	7.67	0.59	0.04
2014	25.6	1423	50	20	4.92	0.56	0.02
2015	26	1401	100	25	8.92	0.54	0.04
2016	26.2	1791	96	24	6.70	0.68	0.04
2017	25.5	1762	77	20	5.51	0.69	0.03
2018	24.7	1545	69	12	5.24	0.63	0.03
2019	22.5	1857	77	13	4.85	0.83	0.03
2020	21.4	2233	110	15	5.60	1.04	0.05
2021	22.5	2232	145	25	7.62	0.99	0.06
2022		2240	140	20	7.14		

注：每年的选题数找不到，以年出新书数替代。一般来说，年出新书品种数应少于年选题数。数据来源于中共中央宣传部公布的历年主题出版重点出版物选题的通知、中国新闻出版研究院编制的历年新闻出版产业分析报告。

从上表可见，每年申报“主题出版重点出版物”的品种几乎不到年出版新书品种的 1%，而能立项的仅有万分之几。这个占比确实太低了。

那么，每年的主题出版物真的这么少吗？或者说，每年的主题出版物出这么多就够了吗？未必。这和对“主题出版”的理解有关，也和主管部门对“主题出版”的管理有关。

这些年来，对“主题出版”的理解大致有两类。

第一类，每年中共中央宣传部、国家新闻出版署会公布年度“主题”，作为遴选年度“主题出版重点出版物”的导向和标准；同时，还会公布入选“主题出版重点出版物”的选题名单和实施单位。以此二者为参照和研究对象，分析概括出对“主题出版”的理解，是合情合理的，有权威性；于其中可见认可的“主题”确立的逻辑及发展主线，可见优秀的主题出版物的示范榜样，可学习、可发扬、可预见、可准备，操作性强。以我有限的了解，这类理解在目前出版界里是主流。这类理解的图示或许为：

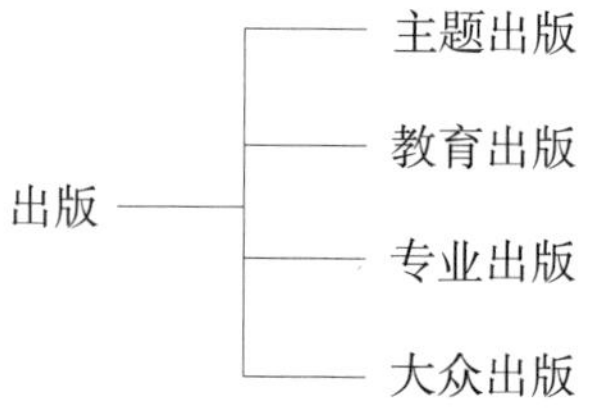

这类理解在出版实践中的好处是：政治正确性强，对主题几乎不会有理解上的偏差，而且相当聚焦。其不足也显而易见：主动性、创造性略显不足，几乎是命题作文。

第二类，抓住“主题”范畴，通过对中外出版史，尤其是中共出版史、新时代出版历程的考察研究，我认为每个时代都有属于时代自身的主题，“主题出版”就是“出版的本质”。这类理解的图示或许为：

出版——
- 教育出版（以教育领域生发的主题出版为引领）
- 大众出版（以大众领域生发的主题出版为引领）
- 专业出版（以专业领域生发的主题出版为引领）

这类理解在学理上无懈可击，为主题出版的发展带来了丰富的可能性，但对基层出版社、一线出版人提出了很高的要求。能理解是一回事，能操作又是另一回事。从管理上说，丰富的可能性一不小心就容易变为散乱、芜杂，甚至失控。

说到管理，可以肯定的是，现行的管理办法是有效的，保证了10多年主题出版工作高质量展开。但在实际工作中也存在一些难点，主要有二：

其一，出版社在操作上比较被动，且时间太仓促。每年公布下一年度“主题”的时间最快是在本年度末。从出版社看到相关文件起到出书，最多一年时间。这一年时间内，要先筛选、确定本社主题出版的选题，去申报“主题出版重点出版物选题”，几个月后才会知道是否入选。一旦入选，如果书稿是现成的，则可以进入审稿环节，之后是排版、编校、印制、营销、发行等环节。如果书稿不是现成的，那么操作起来就麻烦很多。即使是一本普通图书，一年的时间也不充裕，更何况其中还有两个重要的不确定性因素：一个是选题申报通过时若书稿还没有成熟，作者在一年内未必能完稿；另一个是书稿送审问题。

总之，留给出版社的时间太少了。所谓慢工出细活，主题出版物在内容与文字表达上的逻辑性、科学上的正确性、史实上的准确性、编校质量上的优良性等方面，都有特别高的要求，出版时间仓促不利于保障主题出版物的质量。

其二，送审。主题出版物往往是重大选题，于是送审是必不可少的环节。从近几年出版物送审的经历来看，很难有时间上的保证。国家出版基金项目也会遇到同样的状况，这恐怕是让几乎所有出版社、出版人最头疼的事情之一。

此外，主题出版工作还有一个难题就是发行，因为大多数主题出版物的销售不理想。这一点毋庸讳言。做好主题出版，既要能精准对接党和国家的需求，又要满足人民的阅读需求；既要将社会效益摆在首位，也要实现社会效益和经济效益相统一。而任何出版物，如果进入市场乏力，不能被广大读者购买阅读，其经济效益就不容易实现，其社会效益便不能充分体现。

以上问题如何解决？我谈一点粗浅的想法。

其一，在继续加强主题出版管理的同时，可以考虑进一步调动出版社做主题出版的积极性和主观能动性。按照正常的理解：中共中央宣传部每年遴选的是“主题出版重点出版物”，这意味着除了入选的“重点”，还有大量的“非重点”，这些“非重点”也是主题出版物。而且，上述“重点”与“非重点”出版物数量之和只等于各出版社的年度申报总数。除了这些“申报”的主题出版物，应该还有大量“未申报”的主题出版物。建议有关部门给这些主题出版物“正名”，因为这涉及对各社投入主题出版工作的认定、认可。五百多家出版社、几万名编辑，每年只能争取几十个到一百多个名额，入选了，当然欢天喜地、备感荣耀，但不入选呢？而且，如果连续几年未入选呢？从过去10多年入选“重点”的结果来看，基本是名社大社，还有一些“专业户”（应该向他们学习）的主题出版物，但久而久之，会挫伤未入选“重点”的社，特别是一些中小社做主题出版物的积极性。

听到过一个说法：有的社实力不够，就别掺和主题出版了。这个说法有一定道理，没有实力者要是硬干很容易出错。但我不赞成这样的说法，因为做且做好主题出版，是新时代每个出版社首要的义务和责任，能力、水平不够者可以在实践中提高自己的实力，但一定不能被剥夺，更不能自己放弃做主题出版的权利。

其二，做好主题出版物的发行以充分实现社会效益，这首先是出版社的责任。比如，可以充分利用数字技术赋能主题出版物，提供增值服务，包括数字体验、培训研学等。但考虑到主题出版物不同于教育出版物、大众出版物、专业出版物的特殊性，我有以下建议。

曾经看到一个提议：一些领导人的著作，以及党和政府的重要文献，不应该进入图书市场，应该免费供人取阅。这个提议是否合理、是否可行另说，但我从中得到一点启发。

对每年的“主题出版重点出版物”予以“采购补贴”（不是出版补贴）。每年在全国选定一定数量的有意向的图书馆，给予资金补贴；同时，规定入选“主题出版重点出版物”的出版社，以低定价、低折扣（但以不亏本为限）向上述图书馆供书。具体细则可讨论，但基本原则如上。

这样，出版社不亏本或者有微利，有积极性，更有利于实现社会效益；图书馆采购好书的成本低，还有资金补贴，也有积极性；读者可以免费从图书馆借阅到好书，会很乐意。

之所以不建议出版社加大营销发行力度，是因为当下的出版物市场，由于新电商的“入局”，对主题出版物极不友好。

出版高质量发展，首先要做好主题出版。希望上述两条建议能助力主题出版更上一层楼。

二、关于数字出版（融合出版）的思考

出版的每一次革命性变革，都是由技术发明创造，比如造纸术、雕版印刷术、活字印刷术、电子排版印刷技术等带来的。今天，出版人都相信

数字技术尤其是AI（人工智能），肯定会给出版带来一场上述等级的革命性变革[①]，不久的将来，出版物内容的载体、出版服务呈现方式、出版物销售、出版管理、出版人的思维方式、出版人必须具备的知识和技能，都将是数字化的，或与其相关。

所谓“不久的将来”，是多久呢？

先看一则报道。韩国《亚洲日报》2023年6月报道：韩国教育部表示将从2025年春季开始，韩国小学三年级和四年级，以及初一和高一的学生，将使用国语、英语、数学、信息科技AI教科书，并计划每年扩大应用科目和年级，2028年以前实现全面覆盖。

虽然还没有看到其他国家或地区实现数字化教育教学的时间表，但有两点是可以肯定的：其一，世界上主要国家都在进行数字化教育教学的实验；其二，世界上主要国家都在研究制订数字教育的路线图和时间表。韩国的上述举动，绝对不是个例。

近几年，我国持续开展数字教学、数字教材的研发和实验，据了解，有关部门正在组织专家研究制定相关的实施方案。

这和数字出版有什么关系？

有20年出版工龄的人一定记得“读图时代”。之前，中国的出版物非必要不会配图，有图也是黑白的。现如今，出版物“无图不成书”，以图为主的书大行其道。一些研究者醒悟道：现在的读者是看着彩电长大的，没有彩图的书他们读不惯。

---

① 这里所谓的出版的革命性变革，是从出版形式的维度说的，不论及出版内容。出版内容（除了自然科学）属于意识形态范畴，社会发生革命，出版物内容的主题必然相应变革。这一点在大众出版、教育出版上比较明显。出版的价值取决于其内容，但出版价值的实现（实现率、实现快慢、可接受度等），则是由出版形式决定的。

今天，各类电子产品已经充斥人们的日常生活，但为什么出版物形式仍以纸质为主？其中一个根本性原因是，一代代人虽然是在充斥着各类电子产品的环境下长大的，但他们也是使用了十几年的纸质课本长大的。

所以，我们完全有理由推测：等一代人读着AI教科书长大时，纸质书将退出文化流通，变为奢侈品、收藏品，出版将从完全意义上进入数字时代。

无论是国家还是某个出版社或出版人，数字出版都不是某一天突然达成的。所谓“融合出版”就是由纸质出版向数字出版的转型。融合出版发展到目前，主要以数字技术赋能纸质出版为主，比如在纸书上加二维码、链接等，即“以纸带数”；但已经开始有“以数带纸”的形态，即纸书成了数字出版物的“产品使用说明书”或“赠品”，出版物主体是数字产品，比如App等。

简言之，今天的数字出版生态和一二十年前有了根本的不同。当年，大家热火朝天地讨论“什么是数字出版？”“数字出版该怎么做？”但就是不出手、不投入，光说不练。这主要出于三方面的考量：

到底什么是数字出版？对产品形态不了解。

怎么做能盈利？什么时候才能盈利？盈利模式不明确。

盈利应该，亏了要罚，对企业负责人问责太严厉。

今天，以上三点已经有了实质性的改变，表现为：

首先，出版社里有数字专业知识、懂数字技术、以数字化逻辑思考问题的员工越来越多了，其中90后、00后不必说，80后也有相当的数量，关键是绝大多数出版社的领导也开始在其知识结构中补上数字出版相关内容。对于数字出版，领导们不再是想谈但不敢谈，有的甚至已敢于“指点江山”，滔滔不绝了。

其次，数字技术，特别是AI技术，一方面更高精尖，另一方面更贴近社会大众，在出版领域的应用也越来越多。很多出版人已经明白，若出版服务社会的方式再不数字化，那可能连服务社会的机会都会失去。举一个例子，出版人都知道校对环节的重要性。校对工作，有“校异同”“校是非”。现在的书稿几乎已全部电子化，基本不需要“校异同”，而且有“黑马”等软件的助力，校对人员要么有不弱于编辑的实力，否则很难胜任“校是非”，那么传统校对的出路在哪里？编辑也一样，面对人工智能软件如ChatGPT的快速迭代，编辑审稿的价值何在？还有对美编的冲击，AI设计插图、封面、版式，又快又好，改多少遍都不会生气，同时可以降低设计成本。

以上说的是数字技术对出版内部运营的冲击，其实，社会已经对出版服务提出了很现实的数字化要求。比如教材，仅有纸质书显然是不够的，还要有出版单位自己控制的数字服务平台，提供教育教学增值服务，如教师可以与教材作者交流互动、教师备课资源能及时更新、学生考核评估系统能随时调整等。不仅是教材，上推荐目录的教辅、规模型的阅读材料、作文辅导书等都开始转型为数字产品、数字服务，书已开始成为“说明书”。

这些都属于“未来已来”，需要我们直接面对。

再次，2023年9月10日，《中国出版传媒商报》发表了一篇文章《教育出版数字化转型不完全调研：投入千万营收百万的企业不足半数》。文章称调研了教育社、大学社、少儿社、综合社还有民营出版公司，收回70份有效问卷。这份调研报告比较专业、扎实，其中总结了教育出版数字化转型遇到的主要问题。我从中看到了两点：其一，这是一份关于出版社做数字出版的调研报告，而不是在畅谈关于数字出版的感想。关于数字出版的问题，出自实践的才是真问题。改革开放以来，中国出版的市场化转型是学习了西方发达国家的成功经验的，尽管中国出版的数字化转型起步略迟，但今天中国出版的数字化应用，一点也不输给西方国家，向外可学习的不多。其二，越来越多出版机构找到了属于自己的数字出版之路——怎样做好本机构的数字出版？怎样以此盈利？其中有 4 家出版机构投入过亿，16 家出版机构投入在千万级，大多数出版机构自主研发了本单位的数字产品。如果没有看清自身在数字出版板块的业务未来，没有明晰的盈利模式，不可能有上述自信的动作。

这个调研是从教育板块切入的，比较符合出版实际。我有一个看法：数字出版应该是从教育出版向全领域蔓延的。

目前出版社涉足数字出版，大致分为以下三种方式：

第一，承接政府项目。这个方式风险小，又锻炼了人才，积累了经验，缺点是没有可持续性，项目难以做大。

第二，紧盯社会需求，让政府购买服务。这是目前最受欢迎的一种模式，比如“课后三点半”项目，据了解，安徽教育出版社、广东教育出版社在这个领域的“两个效益”均获大丰收。

第三，直接市场化，做 C 端数字出版（出版物、出版服务等），向市场要效益。比如上海教育出版社下属上海砥翼教育科技有限公司开发的 App“沪学习”，2022 年营收 2500 万元，略有盈利。

三种方式，各有优劣。归根结底，各社还是要结合本社实际，走自己的路。

开始构思本文时，我并没有打算写数字出版这一节，虽然自己一直在关注、思考数字出版，立下过“本社在数字出版板块不能看不见先行者的背影，至少要踏入一只脚”的底线工作要求，但自己毕竟缺乏数字知识和专业技能。只是当我于 2023 年 9 月 27 日看到一则消息：“凤凰智灵平台上线啦！”时，我觉得有话要说。

这则消息很短，除开图片才六七百字，发在凤凰出版传媒集团的内网上，但给了我较大的震撼。多少年以后，当有人回顾总结中国数字出版走过的路时，无论其成败，这或许是一个历史节点。

数字出版，直接呈现出来的是出版物、出版服务的数字化；而这些是一批数字出版人做出来的；而这样的出版人，是出版单位根据自己设定的数字出版逻辑（制度、行为规范、产品形态、产品要求、操作规则、工作流程、使用工具等）培训出来的。三十年前，我们学习使用电脑，而后学习上网，首先就是要学会遵循计算机、网络的逻辑；之后，出版内部管理要通过 ERP 进行，一要建数据库，二要培训，培训就是遵循 ERP 的逻辑。做数字出版也是这样的程序。

上述消息说："为了增强凤凰员工对人工智能技术的理解和应用能力，培养使用习惯，'凤凰智灵研习社'成立……致力于帮助凤凰人不断提升人工智能使用技能和应用知识。"

我为之振奋的原因在于：凤凰出版传媒集团这是主动作为，不是因为响应某一个号召，而是自觉自愿的企业自主性行动；凤凰出版传媒集团其实概述了其数字出版的蓝图，关键是他们找准了符合自己实际的智能出版升级路径。

或许有人会说，凤凰出版传媒集团是出版界的"巨无霸"，有钱且敢投钱。这涉及对做数字出版和资本关系的理解。之前，关于 IT 行业连带数字出版，人们第一感觉就是"砸钱赌明天"；但现在感觉未必是这样的，因为数字出版的盈利模式越来越清晰。而且，时至今日，做数字出版在经营上似乎可以有别于既往。传统出版社做数字出版时所拥有的资源有：特有的出版资质、编辑人才、内容；欠缺或可能欠缺的是：资本、技术人才、数字公司运营管理的经验和机制。可以说，出版社具有的优势是独特的，别的部门、企业无可替代且难以获得；而出版社所欠缺的很容易解决。比如资本（假定有出版社缺的话），有很多可以解决的方式，如和别的企业包括民营企业成立合资公司，引入外部投资，向银行贷款，凭项目向政府申请资助，等等；比如技术开发，可以引进人才，也可以和别的技术公司合作，等等；至于管理机制、激励机制，也可以做对应的设计。总之，出版社做数字出版更有优势，而最大的优势即出版社长年积累下的内容优势，其中包括出版社代代相传的发现内容、驾驭内容的能力。比如上海世纪出版集团的数字出版项目“聚典”“汇典”，有钱、有技术的公司很多，但这两个项目的内容只有上海世纪出版集团有，而且只有上海世纪出版集团才能做。越来越多的出版人认同，眼下正是出版社把这方面优势发挥并扩大的最好时机。

三、“精准出版”是可能的吗?

我们希望找到一种适合单体出版社的，能有效破解当下出版物市场上因新电商带来的图书营销发行困局的办法，姑且称之为“精准出版”，或者也可以称之为“在融合出版背景下的出版社自办发行 2.0 版”。

“新电商”这个说法，在出版界，大致指在新媒体上做出版物销售的电商，一般也把它和当当、京东、天猫为代表的传统电商对应起来。所谓“新”电商，即“传统”电商异化出的对立面。有人把新电商对传统电商的冲击，和当年民营书店（“二渠道”）对新华书店的冲击、传统电商对实体书店的冲击相提并论。其实这些冲击有质的区别。

新电商大举发力占领图书市场，引发书业渠道“大地震”是在 2022 年。以下我将粗略概括新电商的基本特征，以及给图书市场渠道带来的巨大挑战（混乱、困惑）。

第一，新电商是应运而生的。数字技术日新月异、数字平台或新生或迭代，改变了人们的生活方式、消费方式，同时也改变了人们的生活观念、消费观念。出版物作为一种商品，必然会和其他商品、服务一样，采用新电商营销方式。这是新电商存在并发展的必然性。对于新电商，它问题再多，你再不满意，也不可以不理睬它，不能敬而远之，而必须正视它，解决它带来的问题，利用它的长处。

与实体书店、传统电商相比，新电商是“送（信息、实物）上门来”。实体书店是“我永远在这里，你要买书就过来”；传统电商可以送书（实物）上门，但除非你已明确自己要买某一种书，否则要在电商平台上的书海里寻宝实在太难。新电商则直接告诉你：这本好，这本对你有用，这本超便宜，你不买会后悔……而且它是直接找到你并告诉你，除非你不上网。

业内许多人认为，新电商将推动渠道“去中心化”，让销售渠道从单一走向多元。

第二，目前的新媒体平台主要指抖音、小红书、拼多多、快手等，实际上，新华书店、民营书店、出版社、传统电商都在上面开号做营销，但更多的尤其是较有影响力的是一些新直播团队。他们的主要方式是发布短视频、进行直播，认准一个专题，培植自己的粉丝群，向定向人群推送这类人群适合读的、会感兴趣的图书。

第三，新电商营销的常见手段有“网红带货”，有头部网红，也有主打卖书的网红，还有一些有一定专业水平的主播，因为直播的本质是卖信任——读者对主播推送能力的信任。但所有这些和其他任何新媒体营销手段，都必须辅之以“王牌”手段——超低折扣。

中国出版界有一个无可奈何的点是，打折似乎是图书促销唯一的强心针。当年“二渠道”冲击新华书店、传统电商冲击实体书店，亮出的法宝也是打折销售。但新电商把打折销售玩过火了。超低折扣带来的第一个后果是利润被平台和主播拿走了，因为一场直播无论卖多卖少，平台和主播的基本佣金是雷打不动的，有的还要拿提成。快递公司也能挣钱，发货退货都挣钱。说到退货，一场直播下来，当场冲动下单的人越多，冷静下来退货的人就越多。总之，结果往往是出版商不亏本，或者微利就不错了。如果这个结果是常态，出版商总是赔本赚吆喝，怎么可能持续下去呢？超低折扣带来的第二个后果是严重扰乱市场秩序。出版社对渠道商供货折扣有一个大致的平衡，现在猛然给新电商一个超低折扣，甚至出现读者到手价低于别的渠道商进货价的怪象。试想，别的渠道商如何还有心思给这个出版社卖书？因为新电商的“巨大”销量，极可能是超低折扣带来的虹吸效应，即把本该由其他渠道商获得的销量抢夺到直播销量中来了。超低折扣还给出版生态带来一个负面影响：读者会误以为图书等精神文化产品原来这么廉价，出版社把书价定得这么高真是太“黑心”了。这会让读者养成一个不好的习惯：没有超低折扣不买书。

这些后果实在太可怕了。

没有超低折扣，书没法儿卖；真做超低折扣，低于成本，出版商扛不住。这种高定价低折扣的把戏能长久吗？

第四，大部分新电商并不专一做书，书业只是它的一部分。新华书店、民营书商等基本上只做书，至少卖书是绝对主业。它们把卖书的利润，投入再生产，是对书业的建设。但新电商不一样，它们的利润大概率不会反哺书业。所以，新电商并不关注其对图书市场渠道的冲击，因为它们更关心流量，卖书不赚不要紧，可以卖别的商品。

第五，一般的实体书店（其实，现在已不存在绝对意义的实体书店了，几乎所有的实体书店都会上新媒体平台）总有上万个图书品种，大城市的超级书店会陈列几十万个品种，而传统电商平台更具有长尾优势，常年有几百万个品种。那新电商一般能销售多少个品种？一场直播能销售几种、几十种，常年开设的公众号也不过一年销售几百种。而我们国家一年的新书至少有 20 多万种，一家中小型出版社一年也有几百种新书。一旦新电商成为图书发行的主要模式，那么，这么多的新书给谁卖呢？ 2022 年下半年以来，很多出版社面临着“货发不出去”的难题。

绝大多数新电商卖书有两个特点：一是掐尖，只卖市场上既有的头部产品。要知道，头部产品不是天生就有的，而是别的渠道商卖出来的，给新电商掐尖，等于是断了原有渠道商的后续获利。那么，以后谁会卖力培育头部产品呢？二是迎合，迎合市场热点、迎合读者，什么好卖推送什么，其结果是真正的好书连露脸的机会都没有，长此以往，必然失去书籍对精神文化的引领、导向、规范，不利于社会主义精神文明建设。前文说当下图书市场对主题出版物不友好，主要是指这一方面。

当然，也有一部分主播是有文化坚守的，他们对待荐书是严肃认真的，是真正在选书、发现好书、推送佳作。但目前显然这还不是新电商的主流。

问题摆在这里，新电商就在这里，无可回避，怎么办？

办法肯定有，不可能有解决不了的问题。以下是个人一点不成熟的思考，总其名曰“精准出版”。

一是控制选题规模、出书品种，这也符合主管部门对出版从数量型向质量型转化的要求。当然，背后的原因、出发点不同，前者是被动的、被市场逼出来的，后者是国家文化战略的主动布局。

二是多做非市场的产品，主要有以下几种：

1. 教材。中小学国家课程教材比较难做，但其他如学前教育读物、大中专教材、成人继续教育教材、职业教育教材、老年大学教材、特殊教育教材等则有着广阔的天地，出版社可以从自己专长的领域出发，做熟做透一门或几门教材，足以使之成为中小社的“看家书”。

2. 评议教辅也是可以精耕细作的领域。一次被选中，受益多年。

这里不是主张各家出版社蜂拥而上去做教材、教辅，教材事关国家培根铸魂的大业，对书稿质量有特别高的要求。但任何事情都是从零开始的，只有做了才会有一，有二，有三。如果条件具备，不妨尝试一二。

3. 努力争取各种基金资助。从国家出版基金到各省市文化发展基金，乃至行业协会、社团组织的基金，只要选题好、书稿质量高，就应该积极争取。

4. 在书稿质量有保证的前提下，不妨接受补贴出版。这个情况稍微复杂。一般而言，教师、专家们承接的国家课题、省市级课题的经费中会有出版资助部分，比如国家社科项目后期资助等；也有一些学校、科研单位关心人才成长，鼓励早出、快出、多出成果，会对本单位老师出书予以资助；还有个人为出版自己的研究成果愿意补贴出版；等等。不过这种书稿良莠不齐，需对书稿质量认真把关。

5. 有意识打造适合馆配、团购的出版物，比如“农家书屋”等。

6. 打造为社会、为政府服务的出版产品，让政府来购买服务。

7. 积极开拓新的出版物形式，定向销售，避开新电商。

据我个人观察，要做好非市场出版，首先，出版社要有实力、有声誉，否则拿不到项目，即便勉强拿到项目，也会忐忑不安。其次，从今往后，要特别关注和利用数字技术赋能出版物和出版服务，这会成为争取为政府提供出版服务的标配。

三是打造具有独特风格、独特形式的市场出版物，做到以产品给市场定规矩。这个难度相当大，举两个例子作简单说明。

第一个例子：上海译文出版社的“世界文学名著珍藏本”系列。这套书真是太精美了，简直就是艺术品！每次提起，我都忍不住要赞叹。因文章篇幅关系，这里不对产品做描述。我觉得，这套书可以算是“精准出版”的样板。从产品形式上来说，这套书具有门槛相当高的唯一性、独特性，别人想要模仿，难度相当大，这也意味着，仿制风险相当大。从市场效果来看，这套书的很多品种已一印再印，每次开机印数都是以万为单位的。我从上海悦悦图书有限公司（简称“悦悦图书”）了解到这套书不仅有可观的销量，同时由于不乱降折扣，社店获利都很可观。悦悦图书还获得一个意外的惊喜：这套书帮悦悦图书找到并建立了一个固定的读者群——高学历、高收入、高品位，喜欢读好书还喜欢收藏精品的“高端”人士群体。

第二个例子：《读库》杂志。《读库》的产品很少，自2006年创刊至今，加上笔记本，估计也就三五百个品种。但是“库民”不仅越来越多，而且很多是“铁杆粉丝”。《读库》产品精准、营销精准，是我心目中全面发展最符合“精准出版”的典型。

四是把新媒体营销的主动权掌控在自己手里。上文提到的评议教辅及有基金资助的出版物毕竟是少数，同时门槛很高，出版社还要做更多的市场书。因为出版社的宗旨是社会效益第一，不可能利大多做，无利不做。

目前，新电商打得出版社灰头土脸而无还手之力，主要在于我们的两难：要么和他们合作——“挨宰”；要么不合作——放弃这块市场。在当下的图书市场，这是一个“囚徒困境悖论”。如果不破解，所有出版商都是互害模式中的“囚徒”。

所以，破解困境的第一步是出版社自己上新媒体平台，自己用同样的方式做营销：让所有的编辑都具备制作短视频、直播的能力，以及出版社组建专职专业的短视频、直播团队。据了解，很多出版社已有编辑自发地在抖音、小红书等平台上开播，有的效果还很不错。对一家出版社来说，这样做有不少难点，比如流量——没名气、没爆款，平台很难把流量分给你。又比如，组建专职团队，建多少呢？一个直播号必须对应特定的人群，像教辅对应家长群，少儿读物对应妈妈群等，一家出版社是养不起这么多专职团队的。

一家出版社不行，一个出版集团有没有可行性？一家出版社自己独立做不行，和渠道商合作做行不行？比如少年儿童出版社和悦悦图书合作，专门重新打造其品牌产品“十万个为什么”“365夜”“上下五千年”“三毛”等，取得了销售几万至几十万套的不俗业绩。又比如，广东新荷传媒有限公司，是广东新华发行集团股份有限公司和广东荷田田文化传媒有限公司合作成立的新媒体出版发行公司，自己定制产品、自己做“短直营销”。通过采用“定制出版”+“定制发行”的模式，《漫画小学生心理》一年多爆销350万套，《漫画中小学生自我管理》上市后销量迅速突破100万套。

事实证明，可行！

可见，与上面第一步配套的是出版社必须有自营的网店，提供配书保障。接下来就是要专门打造相应的产品。一是要选题对路，即明确针对某一社群的图书。二是要设计好定价、折扣、成本、利润四者的比例，既要能销出去，又要折扣别太低，还要有盈利。三是为了做到第二点，对从编辑到排印、用纸、运输的全流程精打细算，从每一个铜板里再榨出一点儿油来。

这样做，不保证成功，但有希望。所以如果出版社还想拿回新媒体营销的主动权的话，一定要做。拿回主动权，是破局的唯一办法。在此基础上，出版业才可能重新规范图书市场的折扣秩序，保证出版社有一定的利润。

这样的做法把印制、营销、发行等都抓在自己手里，自己干，似乎违反了市场分工的原则，有点像改革开放初期的出版社自办发行，但似乎又不全是。一个正常的市场是有秩序的，不能让一方独大，否则独大的一方会为所欲为，破坏规则，应该要有力量来制衡。在目前的状态下，制衡的角色暂时还只能由出版社自己来承当。

破局可以带来飞跃。个人认为，新电商搅动了现有的图书市场秩序，结果也不全是负面的，至少揭开了出版社的一个巨大的市场短板。只要我们积极应对，相信可以开一新局，为出版高质量发展谋一先路。

我认为，近几年将是我们出版人千载难逢的大机遇，对中小出版社、出版新人尤为如此。这个看法的主要依据是对高新科技尤其是AI技术能全面加持出版业转型升级的充分坚信，技术的快速发展、不定型，让人们都来到了同一起跑线上。前不久读到中国出版协会理事长邬书林先生的一段讲话（后来发现他在多个场合讲过类似的话），他也认为中国出版正处于最好的时代，他的依据是党和国家高度重视文化、教育、科技、人才，高度重视文化事业的发展。我觉得，他的看法站位高，更符合中国出版的实际。

缪宏才

上海教育出版社社长、总编辑，上海市书刊发行行业协会副会长。2008年被评为“全国新闻出版行业领军人才”。2023年获第十四届韬奋出版奖。主持重大出版项目近30个，其中《〈考工记〉名物汇证》《近代汉语词典》分别荣获中国出版政府奖图书奖、提名奖。

在数字化时代的艺术图书策划

·张子康·

随着数字化进程的推进，尤其是人工智能、5G、物联网、云计算、区块链等新技术、新应用的崛起，科技给我们的工作生活带来翻天覆地的变化。新技术给社会生产力带来的影响不言而喻——效率提升、成本降低，以及满足更个性化的需求，与此同时也给各行各业带来新的挑战。如何抓住机遇、保持竞争力和生命力成了大家需要思考的问题。

通俗地说，数字化是将信息、数据、内容或资源转换为数字形式的过程，而传统图书作为重要的信息载体更是处于数字化浪潮的中心。我曾在图书出版领域工作多年，虽然后来的工作重心转移到美术馆领域，但图书出版也是美术馆工作的重要组成部分。下面我结合自身的工作经历和思考，就数字化时代的艺术图书策划分享一些浅见。

一、我的艺术图书策划出版之旅

（一）早期艺术图书策划出版

我最早策划的是“中国漫画书系”，这套书由河北教育出版社出版，并有幸获得了第二届国家图书奖的提名奖。刚参加出版工作策划的图书就能获得国家级荣誉，极大地增加了我的信心和斗志，也为我后来的艺术图书策划出版奠定了基础。之后我又陆续策划出版了“二十世纪下半叶中国画家丛书：新文人画家作品精选集”等多套丛书。现在市场上出版的画作中，新文人画占据了不小的份额，当下这批知名艺术家大多是那个时期推出来的。

那时候出版这样大部头的图书很难获得盈利，甚至会出现很大亏损，但是当时我捕捉到一个信息——艺术图书正处于上升期。当时还没有网络媒体，画家主要通过出版画集来推动自己艺术事业的发展、提升知名度。所以，“中国漫画书系”这套书赶上了好时代，一经推出就很快售罄。比如霍春阳的画册三个月就售罄了，主要是他的朋友、其他艺术家以及艺术爱好者购买，这让我对河北教育出版社出版艺术图书又增加了一些信心。当时这些艺术家给了出版社不少作品，并与出版社形成良好的互动。那个时期，河北教育出版社还出版了很多重要的艺术类图书，比如“二十世纪书法经典”就是一套具有重要意义的丛书，它对后续艺术图书的出版影响很大。

20 世纪 90 年代是艺术图书非常好的发展时期，也是转型时期。2000 年，河北教育出版社在北京组建一个出版机构，主要负责面向全国不同地区的艺术图书出版业务，这个机构由河北教育出版社全额投资，现在隶属于河北出版传媒集团。由于之前的工作经历，出版社提出我所策划编辑的艺术图书全部由在北京组建的机构来运作的想法，于是那一年我被派到了北京。在我的印象中，我们最忙时，一年内会出版这类画册 300 多本，而河北教育出版社出版的艺术图书在全国范围内赢得了广泛关注，影响力不俗。那段时间是我策划出版纸质图书最辛苦，同时也是收获最多的一段时期。

（二）艺术图书从社会效益为主转向双效发展

当时有两类市场艺术图书比较能盈利，一类是收藏类图书，另一类是名画家全集。因为出版社拨款十分有限，我们必须确保自己有足够多的盈利才能把在北京的机构发展起来，这就意味着拓展市场非常重要，所以陆续出版了“中国名画家全集”“世界名画家全集”等系列丛书。

1. 收藏类图书的运营

收藏类图书一直到现在还是艺术图书出版中非常重要的板块。不能用出版一般图书的思路去出版收藏类图书，不然可能会脱离市场预期。比如我们给沈鹏老师出版的书法手卷。其实书法手卷的印刷费并不算很高，一本书的成本在 300 元左右。我们做的包装是非常好的木制包装，但是在每一卷手卷上有长达一米的书法，十分奇特和稀有。沈老也认为这样可能更具备收藏价值。这样的“收藏书法”，放到现在出版是不太可能的，但是在那个时期是确确实实存在的。当时这套书一开始定价是 800 元一本，大家都觉得定价太高了，销售难度不小。我认为它的收藏价值非常大，加上艺术家的亲笔题字，可以试一试这个定价。果然，图书刚发行就有了销量，后来我们见形势良好，就进行了再版提价，又一售而空。考虑到这本书的收藏价值和稀缺性，后来又经过了几次提价再版，最终这套书全部售罄。所以，收藏类图书要根据市场具体情况进行售卖，因书而异。之后我们又为李可染等大师出版了类似的图书，包装上用金丝楠木做外壳，当时也卖到了 800 元。

这类书更多是被艺术家和收藏者买走了，主要用于艺术作品的推广宣传，这部分的需求量很大，不过因为资金问题，艺术家们无法一次性买完，只能少量多次地买，出版社也会按需陆续售卖，这类书一般可以在三年内以不错的价格售罄。当时这类图书的销售主要采取了“他要多少我做多少”的策略，在这个过程中我们获得了很好的经济效益。这是收藏类图书的运营情况。

2.“中国名画家全集”的策划

“中国名画家全集”的普及本重印了17次，这套书是借鉴台湾艺术家出版社出版的丛书“世界名画家全集”做出来的。我们曾经推广过“世界名画家全集”，在推广的过程中，我有幸接触了塔皮埃斯等众多杰出艺术家，并探讨、请教了他们的作品及背后的创作理念，这对我后来在美术馆的工作起了关键性作用。那时我更多的是看到国外艺术家在艺术图书出版方面的契机。

“中国名画家全集”的成功主要是因为抓住了读者的需求点，同时也有高清扫描技术的使用、高精度印刷技术大大提升的原因。在策划这套书之前有两家出版社出过类似的书，但是由于之前印刷水平的限制，所配的作品图片都是单色的，相关介绍也稍有不足，对于很多读者来说，这些都是比较遗憾的。而且，“中国名画家全集”策划之时也是我国艺术市场发展强劲的时期，艺术爱好者需要这样一套兼顾历史梳理、知识普及、艺术评价以及检索查阅的综合性艺术类丛书。可以说“中国名画家全集”的出版兼具了“天时地利人和”，当然后期的不断再版重印也说明了这套书是经得起市场和时间的考验的，即便是现在，这套书依然具有很高的现实价值。

二、数字化出版对中国艺术图书的推动

数字化出版并非将纸质内容一成不变地搬到电子端，而是一种新的知识生产和传播方式。内容是出版工作的基础，数字化出版需要根据内容的具体特点，找到合适的数字化生产方式。艺术类图书门类众多，展现方式各有特点，更需要根据内容探寻合适的数字技术，比如平面艺术品数据化需要高精度的转化技术和海量的云存储空间，立体艺术品则涉及三维制图

技术和全景展示技术，可以说不断革新的技术是艺术图书数字化呈现的重要工具。除了内容基础，新技术生产工具还要有合适的呈现方式，也就是数字图书的设计。这不仅要有传统意义上的装帧设计，还要结合人们的数字阅读习惯和数字呈现形式进行书籍结构、互动方式、检索形式等多方面的设计。

（一）艺术图书出版特点

20 世纪 90 年代末，我们出版了很多世界名画家的图书。那个时期在跟艺术家的沟通中，我们形成了几点认知：一是艺术家的作品在出版时应体现艺术家创作的整体结构，还应考虑体现艺术家在艺术上的追求，即个人创造力；二是艺术家的想法跟编辑的想法有时候未必是一致的，这个时候需要进行充分和有效的沟通，以达成想法的一致性。

（二）纸媒与数字媒体的互动思维

2010 年，在出版类似“二十世纪书法经典”这样的收藏类图书时，艺术图书已经开始跟数字技术产生联系了，不再是过去完全手绘的那种出版形式，而是加入了一些数字化的概念。

那个时期有一件事对我的触动非常大——跟韩国设计师安尚秀的合作。当时中央美术学院要找平面设计的国际权威大师安尚秀来教学，需要找一个在中国从事过出版、策划过美术类图书的编辑跟他一块儿去上课，我受邀前去。那段经历对我后来从事出版，尤其是杂志出版启发很大。当时他给我们设计了一本杂志，这本杂志不是一页一页地翻看，而是一整幅贴在墙上，给人感觉像一幅打开的手卷。除此之外，他还告诉我们要关注这本杂志整体想表达的是什么，空间怎么留，形式和内容如何匹配，等等。这本杂志的设计让我之后在策划图书时，会首先想我们为什么要做这样一本书，除了带给读者视觉上的震撼，还能带给读者什么？读者翻开这本书后第一眼注意到的是什么？我想这种跳出传统纸质出版的框架，从更整体的视角和注重互动性的讲述方式跟所谓的数字出版是有一定关系的。

纸媒出版跟数字出版的这种交互关联，也是在这个时期开始产生的。最初的数字化出版，可能更多的是把纸质图书的内容转换成电子书，看到阅读成本变动的可能性。数字化出版是传统出版的升级革新，已有的传统出版经验和理念是数字出版的基础。出版数字化并不意味着纸媒出版就没有必要了，纸质图书有自己的特点，比如纸质图书特有的书香味和纸张质感是数字图书难以实现的；纸质图书对电源、网络等没有依赖性，非自发光的信息传递对眼睛的刺激更小，更适合长时间阅读；作为实物的纸质图书更具有收藏价值；等等。所以，纸质图书不会消失，相反纸质图书还会在面对数字浪潮时积极进行革新，形成新的发展态势。纸媒出版和数字出版应该是相互补充、互为促进的关系。

（三）数字化出版的变化

2004年，我出任北京今日美术馆的馆长，之后更多是在图书跟展览的关系层面接触出版。美术馆跟图书出版的互动，实际上也是在扩展出版的资源。美术馆也在做数字化的尝试，力图把一些作品通过网络进行推广。彼时的出版社是希望通过将产品数字化，扩大市场占有率，但是规模远远达不到形成一个市场化体系，还不能形成像现在这么火热的数字出版体系。

到了2009年，我进入文化艺术出版社任社长，社里对图书数字化进行了一番讨论：对于同一本书，它的数字书跟纸质书有什么不同？将纸质书转换成电子书，能带给读者什么？比如在谈到梅兰芳唱腔的时候，很难用文字确切地表达听觉效果，因为每个人的文字理解能力和在思维中将文字转化为听觉的能力是不同的，所以我们在电子书里除了进行文字的描述还配了一段音频，通过音频让读者获得更直观的感受。再比如梅兰芳的手势，通过文字是很难形象地展示的，也无法表达他多变的手势在演出中给我们带来的美感，于是我们就通过视频的方式去表现，效果更好。

后来随着数字化发展速度越来越快，尤其是到了中央美术学院美术馆以后，我对数字出版产生了颠覆性的认知，我们要真正去思考这个划时代的数字出版的内涵，以及数字化时代的艺术图书出版现状和中国艺术发展之间存在什么样的联系。

三、数字化时代艺术图书出版现状与发展趋势

数字化时代的到来使中国的艺术发展在这个时期发生了非常大的变化，从美术馆的展览模式到美术馆的多元呈现，甚至是艺术家自身的创作都跟数字化产生了关联。比如艺术家通过数字创作的作品越来越多、美术馆以数字化的形式来呈现作品的现象越来越常见，这必然会使我们对出版产生新的思考——我们能不能把这种数字化的呈现放在艺术图书的出版上？艺术类图书的出版需要在这样的思考中推进，要真正实现实际创作作品与美术馆合作的通畅，借用数字化的呈现方式不可避免。

（一）出版与中国艺术发展里程之间的关系

美术馆的建设与出版关系紧密，出版要与艺术展览结合，如何利用美术馆的艺术展览去拓展出版的领域和业务就显得很重要。中国的艺术与出版在网络体系建设中是同步发展的，比如现在的美术馆建了一些数字化展馆，而出版社也做了一些融合产品，出版社跟美术馆可以联动起来，拓展更大的市场。

（二）出版需要适应数字化时代的变化

随着宣传媒介从纸媒拓展到网络媒体再到自媒体，现在出版一本书的

宣传方式与过去有极大的不同。在过去，我们只需要考虑封面宣传语以及在行业相关的报刊等进行推广，但是现在，传统的图书宣传方式及发行渠道等都在改变，以前的宣传方式放到现在不一定行得通，所以出版社应该在策划之初就把销售终端考虑进去，以适应数字化时代的变化。

（三）对收藏类图书理念的转化

收藏类图书与其他类图书在宣传推广、销售模式上有着很大的不同。我们现在看到的收藏类图书，其实跟美术馆的展出物存在相同之处，不过人们在翻阅这类图书时更多的是要连接自己的思维系统。具体来说，读者原来购买一本收藏类图书的目的就是检索留存，回家再去细看里面的作品。但现在不一样了，读者的思维在转变，他们在看这本书的时候会思考这本书里面的作品跟其他的作品有什么关联，这个作品与流派之间的关系是什么，等等。

（四）数字出版与纸质图书的关系

2022 年，我国数字出版产业收入超过 1.3 万亿元。我们要完成图书在数字出版市场中的新拓展，应当进行多角度的思考，比如网络动漫到底对图书产生怎样的影响，它的市场拓展到底能给我们带来什么；又比如手机游戏是不是也可以跟图书出版形成联动；再比如在线教育，有很多的在线教育需要配套的纸质图书。

数字化时代背景下纸质图书面临各种挑战，如果我们不去梳理纸质图书与数字出版的关系，就很难真正地把纸质图书跟当前数字出版推动下产生的理念进行关联，进而推动新的产品和新的营销模式产生。

四、艺术图书的边界拓展与新理念推动

我们在做艺术图书的时候，要思考如何通过非营利方式获取盈利。在数字出版上，盈利部分或许不是来自图书销售本身，而是来自其他部分。比如我们宣传它不是一个营利的行为——数字出版是不挣钱的，盈利可以尝试从广告、赞助、冠名费以及其他商务合作渠道获得。这种理解或许有些简单，但是可以尝试多方探索，与此同时，非营利带来的资源是不一样的，它在拓展更大商业板块的同时，间接地使图书的销售能够形成新的系统。这也是我做美术馆的经验，大家应该不断地去挖掘这个商业板块，用非营利模式去推广，扩大品牌影响，进而使图书的营销形成新的模式，使其商业价值更大，这点非常重要。

我在做美术馆的研究中发现，出版行业跟美术馆或者博物馆的运营有很多相似之处，比如一个博物馆着重展示的是哪些方面，与一家出版社如何挖掘特色板块、传播哪种文化是一样的。尤其是在欧洲国家，成熟的美术馆会不断地挖掘传统与现代形成的新连接，传统对现代的新意义、具有的新价值。这种新价值的挖掘对当下整个社会化推动起什么样的作用不仅对美术馆和博物馆的运营很重要，在图书出版上也可以借鉴。

（一）对艺术图书策划的思考

我们可以看看大都会艺术博物馆是如何挖掘新价值，推动文化发展的。早些时候，大都会艺术博物馆里展示的东方艺术文化可能更多的是日本的艺术。但近几年很多大展厅里开始出现大量的中国艺术，而且一旦涉及东方艺术，中国艺术就会频频出现。为什么会有这样的变化？因为中国经济在快速发展，中国的文化需求也随之提升，中国的市场越来越大，大都会艺术博物馆在这样一种文化放大中，找到了一个新的价值连接并将之呈现

出来。

我在研究大都会艺术博物馆的时候发现，博物馆在推崇传统艺术的过程中，往往会结合现代艺术，并赋予传统艺术新的意义，以弥补传统艺术的不足。我们出版传统艺术图书时，比如出版收藏类图书，要怎样做才能使其更有价值？我们如果不去研究整个收藏类图书市场，不去研究美术馆以及整个艺术的发展走向等，就没法儿判断我们目前出版的图书能否有更大的市场。我们应该不断地挖掘传统艺术在今天能够形成的具有新意义、新价值的东西。所以我通过在美术馆的运营策划对出版有了重新认知，发现二者确实有相通之处，美术馆里的艺术展现形式似乎在引导或者构建艺术图书未来的出版方向。

（二）设计对艺术图书阅读方式的改变

艺术图书的阅读方式正在不断发生改变，我们今天出版艺术图书时，必然要创新设计观念。西方有很多图书在设计上跟我们的图书有较大差异，国内每家出版社的重点出版方向和图书设计的亮点也不一样，比如有专门出版艺术画册的出版社，图书封面大多采用艺术家的作品，让人一看就知道是哪个艺术家的风格，与图书内容形成一个整体，进而引导相应的艺术认知。还有一些图书在设计阅读方式时，首先是找到艺术的特殊性、关联方式或者知识的连接方式，之后才进行了相关设计。

真正地从艺术理念上形成内容与形式的整体连接，并使之形成艺术图书十分重要。在艺术图书的设计上，我们跟西方的差距还是不小的。设计一本艺术图书应该与目标艺术形成共同的延伸放大，就像运作一间美术馆——如何形成艺术作品的延展，使观众得到体验认知和再认知，并因此生成一种新的图书设计模式，这应该是我们所追求的。除此之外，艺术图书的设计不应该只是这本书本身的扩展，而是产生一种新的变化，那就是艺术图书如何跳出自身的体系，与数字媒体发生对话，这也是需要我们进行思考的。

五、智识系统的重构对艺术图书的影响

一般理解的知识与出版的关系，是出版社直接为读者提供知识，把经典的或者成熟的一个知识点和相关内容直接给到读者，这是远远不够的。此处提出的“智识”指的不是知识，而是用以统领知识的智慧。它指的是人们判断事物和解决矛盾的逻辑与能力，是构建一种思维模式。因为我们的思维模式与过去很不一样，我们在获取知识并形成新认知的时候，会受到周边大环境的影响，也可以说是被一个包含层层知识的数字系统所包围。这个数字系统里的知识，我们是可以轻易获取的。如果想知道某个历史时期的某件大事，现在上网一查就会出来很多相关知识。但是这种认知模式，是在和电脑、手机等新媒介互动的情况下完成的。

在与大量的图像互动当中，我们的思维模式已经不是过去的思维模式了，我们可能面对一个从来没有见过的东西，面对一个或几个图像放在一起构成的一个不相干的画面，可以说电脑和网络改变了我们的认知系统，形成一个人与机器共同思维的连带过程。在这个过程中，人们通过图像、声音、文字等连接知识、连接想象，进而在思考中不断推动新认知的出现，再在新认知中推动新知识的建立。这种新认知不是要输出一种简单的知识结构，而是要促成一种自我思考的能力。所以当下如何利用好电脑和网络进行艺术图书的策划，进而连接形成我们新的思考系统、认知模式就十分重要。比如现在的元宇宙概念，这个概念其实已经出现在我们今天的出版中，虽然不能让它马上应用于我们的出版行业并进行市场化，但是这种理念在推动我们今天对图书认知的新变化。

以上所述跟这几年的艺术发展也是相关的，因为我们的艺术在近几年发展的速度特别快，我们的艺术创作方式跟过去也不一样。当代艺术的话题层出不穷，同一个话题，每个人对它的理解可能都不一样。这是因为每个人的知识结构、兴趣所在不一样，所以形成的连接、获得的思考也不一样，结果自然不一样。这样一来，如何构建让观众对艺术图书感兴趣的点，并形成创造性思维就显得尤为重要。另外，如何结合艺术家的创作、美术馆和博物馆的展览等去放大艺术图书的价值是需要深入思考的。因为现在的艺术图书的宣传推广方式跟过去的不一样，我们必须要了解当下市场多元的推广方式。但是我们要使这种特殊的宣传方式成为一种体系，并确立下来，显然还有一定的距离，因为它所需要的艺术图书出版人才的结构也要发生相应的变化。智识系统下，艺术图书的策划对编辑的知识结构和跨界思维要求较高，所以出版的人才重构很重要，难度也很大。

虽然有难度，但是我们不能望而却步。我们正站在一个新的历史节点上，时代的变革不会因为困难就止步不前，艺术类图书出版领域也是一样，没有一场变革是一帆风顺的，反而越是前景光明的变革越会历经坎坷。艺术图书发展之路道阻且长，然行则将至，行而不辍，方未来可期。

张子康

中央美术学院美术馆原馆长,教授,博士生导师,《美术馆》杂志主编，中央美术学院艺术与科技研究院副院长，中国美术家协会原理事，中国美术家协会实验艺术委员会副主任，中国博物馆协会美术馆专业委员会副主任。主持策划编辑出版各类文学、艺术图书千余册，多次荣获国家级的图书奖项，策划众多在国内外颇具影响力的大型艺术展览。

书的生死

·舒炜·

作者前记：下面这篇文字正式发表于2009年9月《中国经济》杂志（有删改），它缘于2008年我去参加伦敦书展的感受，次年我还继续通过一些报道关注2009年伦敦书展。但我当时大概都未意识到的深层缘由，或源于20世纪90年代中期我国关于“图书是不是商品”的讨论。印象里，讨论当中的老派观点是：图书乃精神产品，并非一般意义上的商品。这在“一切皆商品”的今天看来，简直是不可理喻的懵懂梦话。对于那次讨论，出版界的老前辈王益[①]先生后来曾以总结的口吻写道：“出版物是商品又要防止商品化”，“所谓商品化是指单纯经济观点、单纯利润观点、见利忘义、唯利是图、一切向钱看”。

富有人文气质、具有长久生命力的出版物，当然不是那种庸俗牟利的快速消费品，也不是为满足求新动机的商品。2015年9月，三联书店举办“书店里的大学公开课”系列讲座，《傅山的世界》作者白谦慎教授谈到傅山的应酬书法，他说，送字有一个最大好处，即可以选择同等社会地位的人，喜欢的人才送；但卖字就不一样了，拿钱来，你不喜欢的俗人也可以买。这是两种完全不同的社会操作。由此，中国人买字不说“买某某的字”。

① 王益（1917—2009），1935年考入生活·读书·新知三联书店前身之一的生活书店当练习生，从此开始出版生涯。

求字却有一个很好听的词：我求您的“墨宝”。这有几层意思：我求您的字，是我仰慕您的名声和才能；您赐我墨宝，是看得起我；我会把您的字当宝贝，好好珍藏。是啊，如果一家出版社能为人仰慕，出版的作品、书刊被视为宝贝，传之久远，值得珍藏，那该多好！可惜，现在我们似乎越来越忘记了那仰慕、珍视的初心……

记于 2015 年 12 月

书的危机

深受经济危机打击的英国在 4 月迎来了为期 3 天的伦敦书展，书展上的各种变化让人看到了危机给图书业带来的影响。我得到的一些消息称，好些大集团纷纷压缩参展图书数量，工作人员也比往年大大减少。但许多原来名不见经传的中小出版商纷纷登台亮相，似乎凸显了“小规模”在“大危机”面前的优势。

图书业的危机还不只是受经济危机影响。资本化、集团化以及更为广阔深远的全球互联网的发展仿佛都在预示着图书业的危机与没落。而图书业的危机与没落首先表现在人文学术出版和阅读上。需要澄清的是，我们这里所指的“学术出版”是一个比较狭窄意义上的出版，主要是指人文社科类图书的出版。实际上自然科学类、教育类图书等都有很强的学术性，专业分工也非常明显，这方面的出版分别被称为“专业出版”“教育出版”。所谓学术阅读在通行意义上则强调人文阅读，比如4月23日的“世界读书日”，在这个意义上，主要是针对人文社科类图书的阅读。设立这样一个读书日，其实是提示我们：我们到底在读什么，到底需要读什么。这个提示当然非常有意义。比如被大众普遍喜欢的流行读物“暮光之城”“哈利·波特”等系列，这些是不是“世界读书日”提倡阅读的东西？或者说，“世界读书日”设立的目的是否是在提倡大家读流行读物？我想，“世界读书日”的设立实质上是在提示我们，在网络、影视、流行音乐等的大规模冲击之下，以及“知识爆炸”、专业分工日益细密的情势下，人文学术出版和阅读已成为一个必须重视的问题。

同时，中国的出版业正进入一个改革转变的过程。2009 年 4 月，国家新闻出版总署印发《关于进一步推进新闻出版体制改革的指导意见》，社会各方对这份文件的反响都很好。在业界的理解里，这份文件让出版业的改革向前迈了很大一步——允许工作室以及其他资金进入出版业，虽然方式上有所限定，但实质上推动了出版业的资本多元化。当然，这一步也不是凭空而来的。依据我的记忆，应该是在 1994 年至 1997 年那会儿，全国图书界有一次热烈的讨论，讨论什么呢？讨论“图书是不是商品”。关于这个讨论，现在回想起来，相信大多数人会觉得不可思议，现在我们都会想当然地说：“图书当然是商品！这有什么可讨论的？！”但如果我们回到当时的场景，就会发现这个讨论有很强的针对性，当时图书在大家心目中是“精神产品”，是文化个性的载体，跟商品、消费品是不搭界的。但现在看来，图书当然是商品。所以，图书商品化接下来就是图书市场化、资本化、规模化、集团化乃至跨国化等。

对于中国图书业来说，一个更深刻的挑战就是在互联网的迅猛发展下，网络书店、数字出版等对传统出版业的冲击，这些新趋势近十年已经潜在地改变了图书出版、印制、销售……举个例子，很多大型出版社近两三年在两家网络书店（当当、卓越）的图书销量已经逐步占到全社图书销量的 20%，甚至是 30%。这个情况使我们的发行乃至编辑都要考虑：以后的书是否主要由网络销售？通过网络买书的这一大批读者，其阅读趣味是怎么样的？人文社科类图书从20世纪80年代以来就被设定其读者群是广义的、具有文化理想和文化个性追求的“文化大众”，这些读者不仅仅满足于专业阅读，也不是只读流行读物的“大众”。但由于互联网的冲击，当下读者的趣味、阅读方式都有了很大变化，所以我们要重新思考：哪些是有可能读人文社科类图书的“文化大众”？此外，图书电子化也是一种新的潮流，乃至于可以绕过传统的出版、印刷、发行、销售，比如亚马逊在2000年左右与斯蒂芬·金合作，直接在其网站上发布斯蒂芬·金的新作，读者付费之后就可点击下载进行阅读。根据各方面的情况来看，这是一个有价值且比较成功的商业模式，也给传统图书业带来了很大的挑战。

美国图书业的三阶段

这些情况对中国图书业来说，都是新的、前所未有的大变化，相当复杂，来路和去向都很模糊，很难理出一个头绪来。在此，我想借一本小书来尝试提出一些个人看法。这本书篇幅很小，仅100多页，作者是贾森·爱泼斯坦，他是兰登书屋前总编辑兼副总经理，“美国国家图书奖”第一位获得者；爱泼斯坦在美国图书业浸泡了半个世纪，他规划出版的“安克尔丛书”对美国的平装书有开创性的意义；20世纪60年代他在纽约几大日报罢工期间创办了著名的《纽约书评》；三联书店在二十世纪八九十年代翻译出版的“美国文库”系列丛书，也是爱泼斯坦和大评论家威尔逊共同策划、长期努力的结果；当然，社会影响最大的是他推动出版的《洛丽塔》，这本书引起强烈争议甚至涉及一系列法律诉讼。我现在提到的这本书是《图书业》，其主要内容是贾森·爱泼斯坦于1999年至2000年在美国国会图书馆发表的几次演讲。这本书内容简明易懂、好看，尤其是第一章，勾勒出美国图书业四五十年的变化历程。如爱泼斯坦在书中所述，这个历程以他进入兰登书屋的 1958 年、出现图书业资本化的 1978 年以及图书业开始进入网络化的 1999 年作为三个标志。

爱泼斯坦对 1958 年的美国图书业相当怀念，他说那是一个手工艺团体的时代，从业人员并不以商业成功作为自己的职业成就，而是以出版一本有个性、有文化价值的书作为真正的职业成就，其职业自豪感来自文化理想的实现；虽然图书业有一定的商业性质，但它的根本性质是文化上的个性和理念，做书的成就感类似手工艺人对自己手艺的那种自豪感。也正是由于这样一个基本定性，在 20 世纪 50 年代的美国图书业，特别是兰登书屋，出版者、编辑、作家、读者是关系非常亲密的朋友：编辑会收到很多读者来信，编辑不仅要认真对待、回信，甚至常常直接给读者打电话交流感想和意见；作家也常常在出版社流连，有事没事都会和出版社保持来往。爱泼斯坦提到很多这样的例子，比如在威廉·福克纳获得广大声誉之前，兰登书屋就一直出版他的书，甚至照顾福克纳的生活乃至负担他的日常开支，福克纳醉倒在纽约大街上的时候，兰登书屋的编辑常常要负责把他扶回旅馆，送到车站……兰登书屋的内部人员，即老板（贝内特等人）、编辑和其他员工也是关系相当亲密的朋友。兰登书屋很少解雇员工，碰到不得已真要解雇一个员工时，老板是很难为情、很尴尬的。爱泼斯坦提到过一次解雇情况：当时兰登书屋的老板对那位必须被解雇的员工难以开口，终于解雇以后，老板如释重负。总而言之，在爱泼斯坦眼里，那是一个文化的时代，出版社、编辑、作者、读者之间都是一种文化关系，那也确实是美国文化、文学、学术富有创造性的时代，更妙的是，那时候的图书也销行甚广、效益良好。这很像中国图书业 20 世纪 80 年代的情况。

当然，事情总是在变化，爱泼斯坦本人在1978年也发表过演讲，他说，从1958年到1978年，这20年里发生了很大变化，图书业已经过于商业化、资本化，文化理想、文化个性已经变得多余。所以，爱泼斯坦认为美国图书业已经没什么意思了，他劝年轻人不要进入这个行业，这是一个夕阳产业，甚至已经“死”了！就拿兰登书屋的情况来说，二十世纪六七十年代，兰登书屋逐步资本化，成功上市，两位老板都成了有钱人，当然，老板对兰登书屋的员工是很好的，配送了很多股票给员工。但大家有钱以后，出版本身却莫名其妙地开始变味，变成了一件很没意思的事情。爱泼斯坦提到那时候兰登书屋要开很多各式各样的会，会议讨论的内容都是财务数据分析、市场报告、董事会、营销方案等，贝内特这些人常常感觉极端乏味，在这样一些会议上只能对着窗口发呆或者胡扯一些笑话。也就是说，以前出版社里各式各样的人碰头，都是在聊出什么书、什么书比较有意思，大家兴味盎然；而现在出版社则被迫召集一帮市场、财务、银行等方面的人每天讨论所谓的“数据”，根本不讨论书的内容、书是否有意思，而是煞有介事、费尽心机地分析如何投入资本、投入了多少、收回了多少、怎样才可以赚取效益……

出版社和读者的关系也变得疏远，虽然回复读者来信是必须的义务，但已经难得有编辑跟读者打电话交流。同时，作家们也很少登门，倒不是作家们不写书了，而是作家们都有代理人了，都是代理人或经纪人来出版社谈合同事宜。作家和出版社的关系都是利益关系了。爱泼斯坦因此抱怨，既然作家都有了代理人、经纪人，我们编辑以后也找一个编辑代理人、经纪人，双方经纪人见面谈合同、谈利益不就很好了吗？！

当然，《图书业》是爱泼斯坦在20世纪末，也就是1978年之后的又一个20年的演讲，他的调子又变了。他认为新世纪的图书业很有希望，将迎来伟大的发展，其根本动力和原因是互联网的出现。由于互联网的发展，知识传播和图书出版都将出现极大的变化，使得图书出版能够摆脱资本、商业、利益等的“绑架”，重新恢复人文学术出版的手工艺本质；特别是今后，数字出版、按需印刷、小型印装机的普及，将使得网络时代更适合手工艺作坊，以及关于人文学术等小众领域的交流；实体书店将重新回归，不再承担商业的重负，而是成为文化交往的精神殿堂。

坦率地说，爱泼斯坦对网络时代图书业的乐观展望是需要时间来检验的，我个人认为事情没那么乐观，网络时代图书业究竟会如何，还在未定之天。从出版业内人员的视角看，美国图书业近半个世纪的发展变化表面上风光无限，但其中的辛酸苦辣，也只有爱泼斯坦这样的过来人才有所体会。在他看来，图书业在根本上乃是一项文化事业，其性质主要是文化的理想和个性，商业利益只是其中很小乃至具有偶然性的部分。一本畅销书常常是不期而至，专门为求畅销、求利益而为的大众商业书，往往要付出很大的代价甚至牺牲。所以，正如爱泼斯坦所看到的美国图书业的情况一样，专为利益而来的很多资本家误认为图书业是没有资本化、商业化的处女地，是一个淘金地，但在投入图书业之后，往往在几年之内就发现得不偿失，于是在 20 世纪 80 年代纷纷退出图书出版市场。

图书城·学术书店·网络书店

从中国图书业目前的态势看，有很多趋向在同时发展，究竟会产生什么样的结果，也有待观察。就现实情况来说，我尝试从我们熟悉的书店来做一些探讨。国内一个非常显著的现象，就是城市当中大型图书城的兴起，这种具有图书超市性质的大型图书城在北京、上海等大城市有好几家，在一般的中小城市则每个城市至少有一家，这是最近这些年的一个明显发展趋势，也可视为传统新华书店转型后的产物。那么，这类图书城有什么特点呢？首先，它处于中心城区，内部空间很大，可以容纳的读者很多，书的品种似乎也很多，但分类常常模糊不清，读者找书很不容易，逛这样的书城很累很辛苦；同时，它特别适合大规模的单品种行销。实际上，爱泼斯坦也特别注意观察分析美国近年来大型图书城的兴起现象，他指出，这样的大型图书城特别适合畅销书，乃至向出版社要求必须要有畅销书，也就是说，大型图书城“逼迫”出版社必须出版销量高、周期短的畅销书！因为大型图书城地处中心区，租金高，因此这类图书城需要短时间内有大规模的图书动销，以保证资金充分运转；对于那些生命周期长的图书品种，大型图书城则往往“缺乏耐心”。换句话说，出版社最好出版的是一天销售一万本的书，而一个月才销售一本的书则会被下架、撤换，因为它要把大量的空间保留给短时间内能大规模销售的图书。但实际上，畅销品种在市场上总是少数，生命周期长的图书品种则是多数，所以，大型图书城的图书品种不多，而且多是同类型的、重复的、试图一天销售一万本的书。这样的现象，我们在国内的中小城市会看得很明白，那里的大型图书城往往在短暂的风光之后就会收缩，把黄金铺面出租给其他行业，只给自己保留较少的空间来给它所需要的图书类型和品种。

与之相对的情况则发生在我们常说的学术书店，它一般出现在城市的偏僻地区或者大学附近，租金比较便宜，每天的销售额是通过多品种、少销量的模式来保持的。书店将图书立放于书架，在有限的空间里保证了大量的品种，而且每个品种的在架时间都很长，使得生命周期比较长的图书都能被有需要的读者找到。这类学术书店的情况，在大多数方面都和大型图书城恰好相反：一个是小空间，一个是大空间；一个是多品种的少量销售，一个是单一品种的大规模销售；一个是长时间保持多品种的销售，一个是短时间内对单一品种、单一类型进行不断更替……实际上，学术书店表面上人流量少，但其空间功能更为多元，常常附设咖啡厅、阅读区、演讲讨论空间等，是很多文化活动的中心。

这两种书店的存在对出版社提出要求：如果大型图书城遍地开花，自然就要求出版社不断生产短时间内销量大的畅销书；而如果学术书店比较繁盛，则使得出版社会更重视自己的常销书，更注重图书的生命周期，以及图书品种的多样化和个性化。这不仅是对出版社、编辑的不同要求，也是对作者、读者的不同期许。

当然，最近几年的一个新趋向则是网络书店的兴起，特别是读者对网络购书之方便和周到服务的依赖。网络书店对实体书店将产生什么样的影响，尤其是对学术书店会有哪方面的作用？这都是有待观察的问题。诚然，网络书店将有利于畅销书，实际上很多畅销书是借由网络火起来的，比如流行的“明朝那些事儿”“鬼吹灯”等系列。一方面，网络本身就构成一种阅读和文化方式，可以综合动漫、影视、音乐等多重形态的特点，表现为一种多元媒体，这使得网络时代的阅读方式和传统阅读大异其趣；另一方面，不可否认，传统阅读，尤其是人文学术阅读，非常适合网络时代的分众、小众的特质。互联网使人文学术图书的出版可以摆脱传统的印刷、销售模式，摆脱规模化、资本化、集团化的“陷阱”，采取更小型、更经济、更灵活，同时也更广泛传布的运营方式。换句话说，网络时代使得人文学术图书出版在创新运营方式的过程中，有可能回归其手工艺作坊的传统，在新的运营方式下实现对传统人文学术图书出版的继承和延续。因此，我们不妨看看现代图书业极其成熟、发达的英国。

英国：不断讲述的文化传统

伦敦书展创办于1971年，在每年的3月或4月举办，为期3天左右，于1989年成为比较有国际影响力的书展。

总体而言，伦敦书展的参展图书是以大众读物、儿童图书、艺术图书为主的，学术类、教育类等专业图书的占比较小。这个书展和法兰克福书展的性质比较接近，是属于国际性质的书展贸易会；而美国书展等其他书展其实是面向本国读者的图书展销会。由于英美语言文化的强势地位，法兰克福书展、伦敦书展、美国书展基本上能展示当前世界图书的主流趋势和一些重要的新动向。其中，英语书业占据主导地位，在法兰克福书展上，这个特点也相当明显，德语、法语出版物变成书展展品的补充，其他语言的出版物则只是点缀罢了。中文图书在伦敦书展上处于文化边缘的地位，另外个别的中国印刷企业有在努力加入其中。

在伦敦书展上，英国本土书商占有显著地位，如培生集团、汤姆森集团、哈珀柯林斯出版集团、麦克米兰出版公司等，这是一些大型的教育出版公司（其中部分是英美跨国集团），出版各个门类的教材和科学类、学术类书籍，也包括高品质的常备书。看到这些大型公司，我们会理解一个事实，即英国本身是一个文化强国，它的教材和学术书籍行销全世界，根据数据统计，英国本土出版图书的三分之一是销往海外的。英国是典型的“出口型出版强国”。它的自然科学成果、人文社科学术研究、历史文化、语言文化等通过出版输出到世界各地。

英国的书店有几个连锁机构，一是布莱克韦尔（Blackwell），它主要是图书批发销售机构，旗下也包括一些著名出版机构，如政体出版社（Polity Press）。布莱克韦尔在英国主要城镇都设有书店，图书种类齐全，以学术图书为主，在主要销售的城镇，比如牛津小镇的主要街道就设有三个店面，分别经营艺术类图书、音乐影视类图书以及一般图书。个人认为，牛津小镇的布莱克韦尔书店堪称“伟大的思想文化殿堂”，既让人流连忘返，也让人“失魂落魄”。二是水石（Waterstone’s），销售商品以大众图书为主，更偏向普及实用型图书。

在这些书店里常销的图书产品可以令人发现：一般英国读者感兴趣的图书主要是文学类、历史类（包括英国历史、世界史）及传记；各个出版社很大的一个业务版块是英国文学经典、当代文学创作类图书，其次是关于英国王室的历史类图书，再次是政治历史人物、文学艺术家等的传记。文学、经典、传记、历史是一层店面的主要专架分类。英国书店在布置上的另一特点是设有大面积的大众科学书架，提供大量的各色科学普及书。

在全世界享有极高知名度的出版社，首先是牛津大学出版社和剑桥大学出版社。在世界各国中，像牛津、剑桥这样的大学出版社占据如此高的地位、产生如此大的影响，这本身是个很值得琢磨的问题。它们分别建立于15、16世纪，但真正产生全球影响是在20世纪初期出版业大扩张（也就是所谓“印刷资本主义”）以来的时期，实际上，在这个时期我国商务印书馆的规模在世界上是首屈一指的。

牛津大学出版社和剑桥大学出版社每年出版新书都在1000种以上，期刊（主要是学术期刊）在80种以上。它们在全球大学出版社里首屈一指，在世界出版业里也占据高位，这和英语的强势地位、学术影响、英美本身的历史文化等因素有很大的关系。

牛津大学出版社非常好地体现了强势文化的特点，据称该社在全球的规模相当于全球所有其他大学出版社的总和。首先，牛津大学出版社的语言类学习图书、工具书门类繁多，行销全世界，它的各个系列字典都有相当长的历史和不同编撰特色；它根据英语文学编辑的英语学习书也非常有名，比如“牛津书虫”（*Oxford Bookworms*）系列。其次，它的学术书经典、扎实、权威。最后，它的经典书具有普及性质，如代表作“牛津世界经典系列”（*Oxford World's Classics*），下面又分为15个子系列，包括英国文学、历史、哲学、世界文学等方面，内容质量好、学术含量高，其中最突出的代表是“牛津版莎士比亚”（*The Oxford Shakespeare*），该系列版式设计清楚明了，包括长篇导论、插图、详尽注释等，在具有普及性质的经典出版物方面独占鳌头。最近该系列更新了几十年不变的封面风格，以新封面、新形式重新出发。这套“牛津世界经典系列”从100多年前开始出版，坚持到现在，其中每一本书的导论都值得一看，读者可以从中了解最新的学术诠释路向。牛津大学出版社推出且大力推广的“牛津通识读本”（*A Very Short Introduction*），是试图创造英语的大型知识类丛书，其内容包括人文社科、自然科学等方面，篇幅短小，不是一般的导论介绍，而是以权威作者的个人色彩为主，用清楚明快的语言叙述作者的看法。相比于牛津大学出版社，剑桥大学出版社不以经典见长，其语言学习、工具书等的出版都要稍弱，它的优势体现在自然科学类图书出版，而在人文社科类图书出版上，它更强调学术探索、前沿性质。剑桥大学出版社的出版物更具当代特色，集中了英美大学优秀的前沿学者，注重探索新的科学、道德和政治问题；而牛津大学出版社的优势在于对传统学科，如古希腊文化、古罗马文化、欧洲史、英国历史文学等的研究。

最后我说一下企鹅出版集团（简称“企鹅”）。从这里我们更可以体会到图书业的“死”与“生”。因为在20世纪30年代，企鹅的诞生曾令人惊呼：“书已死！”

企鹅的平装书打破了一向以精装为装帧形式的图书传统，引发“平装书革命”和书的普及。从历史上看，在1935年出现的企鹅平装书代表着现代出版普及化潮流的真正形成，意味着图书出版从精装走向平装，从经典走向知识普及。企鹅已出版了五六种关于企鹅出版史的书，如1945年出版的《企鹅十年》、1956年出版的《企鹅故事》、1985年出版的《企鹅五十年》、1995年出版的《艾伦·莱恩与企鹅编辑群：1935—1970》等，叙述最全面的一本应该是企鹅收藏家协会2003年出版的《在版企鹅》。

内容很有趣的是2005年出版的《从设计看企鹅：企鹅封面故事：1935—2005》，这本书介绍了不同时期、不同样式的企鹅出版物封面，包括鹈鹕丛书、企鹅经典、企鹅版莎士比亚、企鹅现代经典等图书品牌，以及企鹅品牌标识的不同形象。全书分为五章：建立平装书出版业务，1935—1946；连贯性和竞争，1947—1959；艺术导向和平面设计，1960—1970；莱恩逝后，1970—1995；品牌重塑，1996—2005。此书各章标题参考人民美术出版社出版的中文版本。

对很多读书人来说，在英语书中，企鹅出版的书非常特别，不同于后起的乃至“泛滥成灾”的各类平装书，企鹅出版的书无论在品质、风格还是在图书样式都相当讲究。我们可以看到很多经典已经确定为大家必读的书，由此很多出版社可能会同时出版这些内容相同的书，而企鹅却可以保证它出的书即使在内容上和其他出版社出的相同，但其品质、设计选择、定位以及特殊的风格让人有一种亲切、舒适、优雅的感觉。企鹅的历史实质是一段具有厚度的文化故事，它不断地重新叙述自己，在历史长河中它数次陷入绝境，但每次它又依靠自己的力量，依靠人类文化传统经典在新形式中的再叙述，重新焕发出生机。

有生命力的书，即便经历数千年时光，仍然会以新的面貌在我们手中呈现，在我们脑海中盘旋。

舒 炜

中国人民大学文学博士。曾任生活·读书·新知三联书店编辑部主任、副总编辑。现就职于河南大学文学院文艺理论教研室，河南省人文社会科学重点研究基地河南大学文艺学研究中心成员，主要研究方向为古典诗学、西方美学和文化理论。

精品出版面面观：主题出版案例分析

·聂震宁·

一、为什么要做精品书

（一）精品书的概念内涵

精品书的概念是在1994年全国新闻出版局长会议上第一次提出的。21世纪以来，精品书成为出版行业的高频词，下面我想在精品书的大框架下谈谈主题出版。

（二）怎样的图书才能算得上是精品书

1. 图书是不是精品，不在图书规模的大小

什么是精品书，确实说不清楚，比如说《四库全书》规模很大，共有3500多种书，是典型的“皇家工程”，但它存在着严重的不足。鲁迅先生说，《四库全书》不但搞乱了古书的格式，还改了古人的文章。吴晗先生说：“清人纂修《四库全书》，而古书亡矣！”这是一次重大的毁坏，而且有些书由于跟当时的统治阶级观点不一致，直接就销毁了。所以不能因为图书规模巨大就说它是精品。

2. 精品书，不一定是“最美的书”

有的获得过“最美的书”荣誉的书籍，在编校上存在质量问题，这些情况还在报纸上刊登过。

3. 精品书，不一定是当时的畅销书

鲁迅先生的著作在刚出版时并不畅销，基本上都只印1000

册或2000册，但是直到现在还在加印。所以精品书不一定是当时的畅销书。

4. 图书是不是精品，不在其是否高深难解

《天龙八部》并不高深难解，但它是武侠小说中的精品。《我们仨》这本书，是很简洁的一部散文，7万字，写的是杨绛、钱锺书夫妇和他们的女儿钱瑗一家三口数十年生活的点点滴滴，故事很感人、很真挚，是很好的散文回忆录，当然是精品书。所以图书是不是精品，与其是否高深难解无关。

5. 图书是不是精品，不在其学术思想含量的大小

《爱丽丝漫游仙境》到现在还是中小学生的主要读物，《小王子》也是学生的必读书籍，张天翼的小说《大林和小林》从故事到叙述都很绝妙……这些儿童书毫无疑问是精品。它们的学术思想含量大不大，当然一时也说不清楚。比如《小王子》，作者安托万·德·圣·埃克苏佩里已经被当成哲学家了，因为《小王子》里面有100多个哲学问题可以提出来，但事实上它更多的是一部幻想小说。所以图书是不是精品，不在其学术思想含量的大小。

什么是精品书？概括起来，从我国出版界当前实际出发，精品书应该是有着一流的内容、一流的编辑、一流的校对、一流的印装、一流的推广、一流的评价的标志性图书。

对于精品书，拥有“一流的评价”很重要。评奖当然也属于图书评价的范畴，并且是评价的一个重要组成部分，但能评上奖的书确实不多。有些书虽然有一流的评价，但在评奖时却名落孙山。但无论如何，我们出版人要组织好评价，至少要先争取获得较高的社会评价、专业评价、行业评价。

说到行业评价，前不久我了解到陈寅恪在西南联大时接受委托对冯友兰的《中国哲学史》进行审稿的事情，很是佩服。陈寅恪视力一直都不太好，尽管如此，他仍然认真地为冯友兰的《中国哲学史》写了细致的审读意见，

这让我们叹服。有时候我们觉得审读意见枯燥无味，随便找一个人写就行了，其实还真不是这样的。陈寅恪写的审读意见非常好，彰显大家风范，也为《中国哲学史》的出版提升了一个高度。可以说，陈寅恪的审读意见就是一流的评价。我们要做精品书，找到一流的评价很重要。

为什么要做精品书？我想只有全面认识精品书的价值，才会用心做好精品书。能不能做好精品书？态度决定成败。

二、主题出版更应当多出精品

"主题出版更应当多出精品"，为什么是"更应当"？因为主题出版意义重大，它关系到党和国家工作的大局，关系到中华民族实现伟大复兴的大局，关系到社会发展的需要，所以更应当多出精品。

（一）什么是主题出版

主题出版是指围绕党和国家工作大局，就重大会议、重大活动、重大节庆、重大事件和重大理论问题等主题而进行的出版活动。新时代的主题出版，最需要特别突出弘扬社会主义核心价值观，传播中华优秀传统文化，向时代致敬。一般认为，原国家新闻出版总署于2003年首次提出部署主题出版。这次部署之后，主题出版受到重视，发展很迅速。从开卷公司的统计数据来看，主题出版物的新书品种于2016年上市3389种，2021年则达到7522种，翻了一番多。

打造主题出版精品的经验是什么？我把它总结为几点：科学的精神、文化的力量、出版的规律。首先，科学的精神是科学实现其社会文化职能的重要形式，必须以科学的精神对待主题出版。其次，精品出版要有文化的力量，最终我们是要用一种文化产品的形式来传播"四个自信"，要体现文化“润物无声”的力量。最后，出版的规律也很重要。出版的规律是什么？我想最简单的解释就是：人无我有，人有我优。跟风出版、重复出版怎么能做成精品图书呢？

（二）主题出版的案例

1.《历史的轨迹：中国共产党为什么能》的编创故事

《历史的轨迹：中国共产党为什么能》的作者是中央党校（国家行政学院）分管日常工作的副校长（副院长）谢春涛。谢春涛同志说这个选题是出版社编辑跟他讨论出来的。当时编辑想去法兰克福参加书展，希望能够有内容精良的精品书去展会上展示，说能不能回答这样一个问题：在世界国际共产主义运动低潮中，中国共产党为什么可以带领中国人民不断前进，不断提升中国的综合国力，发展成为世界第二大经济体？

谢春涛觉得这个问题提得非常好，于是与中共中央党校几位教授合作，最后完成了内容相当厚重的《历史的轨迹：中国共产党为什么能》，回答这个世界之问、时代之问。这部书的特点是作者学术功底扎实，论述有理有据，行文平和，回答问题、分析问题深入浅出，读来自然亲切。

2.《中华文明的核心价值：国学流变与传统价值观》的出版过程

我们要践行社会主义核心价值观，就得讲述社会主义核心价值观的由来。社会主义核心价值观是把马克思主义基本原理同中国具体实际相结合、同中华优秀传统文化相结合而提出来的，我们要践行社会主义核心价值观，就需要深入理解中华文明的核心价值。陈来先生是清华大学国学研究院院长，曾经在学术刊物上发表过关于中华文明的核心价值方面的研究文章。三联书店的编辑经过认真细致的调研，把这些文章收集起来，并做了梳理，整理成为一部专著，然后交给陈来先生审定。陈来先生被编辑认真主动的工作态度打动了，同意出版这部书，这就是后来的《中华文明的核心价值：

国学流变与传统价值观》。这部书获得了精神文明建设“五个一工程”奖、中国出版政府奖、中华优秀出版物奖等，版权输出20多个国家和地区，给三联书店的“双效”增添了浓墨重彩的一笔。

这两本书都是编辑介入的结果。《历史的轨迹：中国共产党为什么能》由编辑提问题，推动了写作出版；《中华文明的核心价值：国学流变与传统价值观》是编辑根据作者发表的相关文章，把它们按照一个主题收集整理成书出版。

科学的精神、文化的力量、出版的规律，这就是我们主题出版的精品路线。

（三）主题出版的重要原则

1. 选题特色鲜明

1998年，也就是长江抗洪大决战的那一年，有两本书获得了精神文明建设“五个一工程”奖，一本是《众志成城——’98长江抗洪图》，这本书是湖北教育出版社出版的抗洪斗争摄影画册。湖北是抗洪一线，能获得相关奖项不足为奇。另一本书是《’98长江大决战》，作者是纪实文学作家陶克，由陕西人民出版社出版。为什么这本书也能获奖呢？1998年长江抗洪是一个非常大的主题，单凭画册，不足以完整呈现当时的场景，而纪实文学能够更好更深入地反映重大事件。在这个时间节点，陶克写了这部纪实文学作品。两本书是同一个主题，但各具特色，都获得了肯定和嘉奖，可见选题特色的重要性。

2. 坚持优势领域

同样是“一带一路”主题，北京大学出版社出版的“‘一带一路’协同发展研究丛书”是一套学术性研究丛书，这是北京大学出版社的强项。长江少年儿童出版社做“‘一带一路’青少年普及读本”，读者对象是青少年，这是长江少年儿童出版社的特点。这就是各做各的事情，坚持优势领域。

3. 确立长线合作

做主题出版，人民文学出版社有一个很重要的经验，就是确立长线合作。比如王树增，早些年人民文学出版社跟他合作了长篇纪实文学《长征》，接着又跟他合作了长篇纪实文学《解放战争》，《解放战争》出版后，又请他把过去写的《远东　朝鲜战争》拿出来重新改写，做成了现在看到的内容更加丰富的这部《远东　朝鲜战争》，然后又在抗日战争胜利 80 周年时出版了《抗日战争》，另外还有一部长篇历史随笔《1911》。这几本主题出版图书是连续做的，意味着人民文学出版社和王树增之间确立了长线合作关系。一家出版社，遇上一位很有特点、很有实力的作者，要想办法与其确立长期合作关系。一位好作者非常难得，我们要珍视资源，努力和好作者建立长久的合作关系。

此外，主题出版要打造精品，要遵循以下几个要点。一是紧扣国家重要时间节点和中宣部年度宣传重点。这一点是主题出版打造精品的若干要点中最基本的。精品书的出版需要筹备充分，预留充足的时间，一般情况下不能仓促行事，否则就是制作宣传品，谈不上出版精品书。二是宏大主题需要得到权威作者的支持。三是大主题、小切口，结合自身特色独辟蹊径。有些书是大主题、大切口，但不可能每本都这样做。小切口是基本规律，特别是地方出版社更要做小切口的书。四是找到最合适的作者。现在获精神文明建设“五个一工程”奖的书，并不全都是权威作者，但都是合适的作者，是好作者。五是精编、精校、精心推广。

（四）主题出版切忌政治概念化

主题出版必须要有科学的精神、文化的力量，要遵循出版的规律来做，切忌政治概念化，不然就会适得其反，过犹不及。

三、好作者是做精品书的关键

要做精品书，好的作者是关键，因此，要抓住好作者，建立长期合作关系。在市场经济条件下，出版人都有很强的效益意识，合作有没有效益、有没有良好的效益、作者的书获奖或者畅销等，都是出版人十分关心的，故而靠版税、靠印数争取作者是难以避免的。可是，也不能仅仅依靠版税和印数。如果出版人、编辑和作者之间建立了感情，那么多一点印数、少一点印数又何妨！任何时候，精神和品德都是很重要的。我们编辑和作者要保持一种良好的合作精神和态度，要做长线，不要临时抱佛脚。比如人民文学出版社跟作者王树增的合作，本来王树增有些作品是要在其他出版社出版的，但是《长征》《解放战争》《1911》都是与人民文学出版社友好合作，取得了良好的双效，也形成了系列产品，这就有了长期合作的良好基础。一家出版社、一名编辑要经常回头梳理一下，有多少长期合作的作者，有哪些需要长期维系的作者，应该做些什么样的工作，这不仅是盘家底，更是发掘资源。从作者身上也许能找到新的选题，或者也可以与作者交流自己想做的选题，听取作者的意见，拓宽选题思路。

要做好维系作者的工作，可以从以下几个方面努力。

（一）搭建编创团队

1986年，二十一世纪出版社与儿童文学作家董宏猷合作出版了《一百个中国孩子的梦》。2016年，二十一世纪出版社再度找到董宏猷，说30年过去了，咱们是不是可以“重温旧梦”，出版一本《一百个孩子的中国梦》？100个中国孩子的梦和100个孩子的中国梦概念不一样，“100个孩子”可以包括外国孩子，“中国梦”指的是“实现中华民族伟大复兴”的中国梦，内容更加丰富。出版社希望当年年底完成写作并出版，为的是争取赶上精神文明建设“五个一工程”评奖的时间节点。董宏猷表示很困难，因为自己不可能完全脱离工作。于是，出版社帮助董宏猷跟上级单位请好假，让董宏猷专心写作。为了让作家集中精力专心写作，出版社成立了一个工作小组，专门配合董宏猷写作。这个工作小组自称“梦之队”，安排了一名编辑专门负责为作家检索资料。“梦之队”协同作者万里采风，足迹遍布湖北、陕西、山西、青海、宁夏、浙江、江西，乃至遥远的非洲之地。工作小组通过这样的方式，全力支持董宏猷的写作。《一百个孩子的中国梦》于2016年如期出版，最终获得了精神文明建设“五个一工程”奖。

（二）好作者就在身边

有时候好作者就在我们的身边。比如我在人民文学出版社工作时发现，人民文学出版社有很多著名作家、著名翻译家，如韦君宜、蒋路、绿原、牛汉、屠岸等，全社有六七十名员工是中国作协会员。他们应该成为我们的作者。又如“笨狼的故事”这套书原来是浙江少年儿童出版社出版的，作者汤素兰却是湖南少年儿童出版社的编辑。后来汤素兰要调到湖南师范大学做教授，湖南少年儿童出版社请她留下一些东西。出版社言辞诚恳，情意深长，汤素兰深受感动，同意设法把“笨狼的故事”后续的发展放到湖南少年儿童出版社。为此，社里成立了一个汤素兰工作室，以笨狼为IP做了一系列的延伸和开发，取得了不错的成绩。好作者有时候就在我们身边，出版社应该重视自己所拥有的作者资源。

好作者成了合作者之后，还要与其确立长线合作关系。比如，北京人民出版社总编辑吕克农专门找到了中共中央党校杨秋宝教授主编了一本叫作《2020：中国消除农村贫困——全面建成小康社会的精准扶贫、脱贫攻坚研究》的书，取得了一定的成功。为了迎接党的二十大，出版社还想找杨教授写一本关于共同富裕的书。编辑们那时的视角还停留在全面建成小康社会历程上，且认为这个角度对作者而言写作难度较小。杨教授说，他认为可以换个思路，也为避免选题“撞车”，把重点落在全面建设社会主义现代化国家的层面上。双方达成了一致，这才有了《新征程：从全面建成小康社会迈向全面建设社会主义现代化国家》的出版。我们出版人千万不要把作者当成一个命题作文的作者，他会有他的研究，我们要尊重他的研究并虚心向他讨教，把好作者变成持续的合作者。

（三）好作者是“抢”来的

有时候好作者是“抢”来的。我们要找到好作者，有时候是友好合作而来的，有时候是出版社品牌吸引来的，有时候是机缘巧合碰上的，有时候是耐心等来的，有时候却是“抢”来的。

作家曹文轩的儿童长篇小说《草房子》在社会效益和经济效益方面都取得了很好的成绩，江苏凤凰少年儿童出版社是怎样得到这部书稿的呢？可以说它是时任副社长刘健屏“抢”来的。早在 20 世纪 90 年代，曹文轩出版了一部儿童长篇小说《红瓦》，产生了一些影响。刘健屏知道曹文轩肯定还会继续写作，而且其作品极有可能会产生更大影响，因为曹文轩的写作风格跟一般儿童文学作家不太一样，他并不特别强调儿童本位的写作，他是美文本位写作，是一个富有人文精神和爱美之心的成年人对儿童心理的一种揣摩、回顾和描绘。刘健屏决定跟曹文轩约稿。正好某地举行一个儿童文学创作笔会，刘健屏接到了邀请，同时打听到曹文轩也来参会，于是刘健屏事先请组委会帮忙安排他跟曹文轩同住一个房间。曹文轩与刘健屏是江苏老乡，原先就熟识。曹文轩入住后，刘健屏主动与他热情交流。会议期间，曹文轩去哪里刘健屏都陪在他身边。他们一起开会，一起参加活动，一起吃饭聊天。有一次曹文轩说到了自己的《红瓦》，刘健屏说《红瓦》写得非常好，感情色彩鲜明，很美。曹文轩说其实稻草房刚盖好时也是非常漂亮的，自己正在写一部关于草房子的长篇小说，跟《红瓦》呼应。刘健屏当即表示太好了，曹文轩这部小说得给他们社。曹文轩说尽管还没签约，但已经初步和别的出版社聊过了。刘健屏说，无论如何都要给他们社，给自己家乡的出版社，并表示要马上跟曹文轩签约。曹文轩当然不好意思拒绝。会后刘健屏立刻把他的编辑室主任和编辑派到北京，为曹文轩写作提供相应的支持，终于把《草房子》书稿拿到手。这个故事是在前几年江苏凤凰少年儿童出版社举办的《草房子》第500次印刷的庆祝会上，刘健屏自己说出来的。这成了一个“抢”到好作者、好书稿的典型案例。

怎么样才能“抢”到好作者呢？有时候还需要出版人有一股勇往直前的精神。广西人民出版社出版的《毛泽东读书笔记精讲》，作者是著名党史专家陈晋。一开始是另外一家出版社向陈晋约稿，可是那家出版社遇到了一些困难，没有思想准备，打算放弃，这使得作者感到很是为难。广西人民出版社见状立刻勇敢上前，“抢”到机会，出版了这本书，获得了广泛的好评，取得了很好的“双效”。

总之，出版社和编辑要用精神和品德争取和打动作者，要充分认识作者的重要性，把作者放在第一位。

四、大主题下如何慧眼识宝做精品

（一）优秀的编辑善于在自来稿中发现好书稿

著名作家、编辑家叶圣陶先生1927年时做过商务印书馆《小说月报》的主编。当时他在自来稿中发现了一位女作者的短篇小说《梦珂》，觉得不错，就将这篇小说作为头条发表，并加了短评。《梦珂》的作者就是著名作家丁玲。50年后，丁玲大致跟叶圣陶先生说了这番话："叶圣老啊，50年前，我是一个在上海漂泊的湖南乡下女孩，学写小说，投给各种杂志，都没有得到发表。最后我给你们投了一部短篇小说《梦珂》，当时想，如果再不能发表，就别写了。没想到《梦珂》发表了，我受到很大的鼓舞，接着就写出了著名的《莎菲女士的日记》。"

著名作家巴金年轻时在法国留学，在笔记本上写了一部中篇小说《灭亡》，寄给了国内的一位朋友，他的朋友看了觉得很好，就替他投稿到《小说月报》，叶圣陶先生读到了，就在杂志上发表出来。50年后，巴金先生跟叶圣陶先生这般说："叶圣老啊，我到法国留学，本来还没有决定学文学当作家，因为烦闷无聊，就在笔记本上写了一部中篇小说，寄给朋友看，朋友帮我投到你这里来了，你给发表后，我这才决定学文学，才有后来的写作。"这些作品的发表都源于叶圣陶的慧眼，源于一个编辑家善于在书稿中发现好作品。

（二）好书源于创意与用心

在大主题下要慧眼识宝，还要具备创新能力。比如，为了迎接2022年北京冬奥会，中信出版集团出版了"小猪佩奇爱运动神奇冰书"系列，获得了一次出彩的机会。其实在前几年，湖南少年儿童出版社和企鹅兰登做过一本"冰书"——《企鹅冰书：哪里才是我的家？》。所谓"冰书"，就是把书放在冰箱里冻起来，降到一定温度后，书里面的图就能显示出来；如果拿出冰箱，温度升高，书里面的图就会消失。用这种形式来体现环保理念，是很有意思的一个创意。中信出版集团在湖南少年儿童出版社成功的基础上找企鹅兰登合作，以小猪佩奇为主角，在冬奥会这样一个重要的活动背景下，做成一本迎接冬奥会的儿童书，作为主题出版的重点出版物隆重推出。在大主题下慧眼识宝，还可以在别人已经成功的基础上，继续开发新的选题。又比如，江苏凤凰美术出版社社长陈敏，她高度重视《人民日报》的“脱贫故事绘”栏目，跟人民日报社的文艺部积极联系，展开合作，拿到了“脱贫故事绘”的出版授权。这本书入选了江苏省主题出版重点出版物，成绩不俗。

主题出版的选题创新经验是：胜在用心，胜在创意。胜在用心，你就会发现在做完作者的一本书后，还能做下一本；胜在创意，就是要有更多的创意，这个创意往往来自我们编辑的思考，更多的来自编辑的提前预判。

五、出版人可以在学术上做贡献

我们出版人本身在学术上是有功底的，所以，出版人也可以在学术上做贡献。比如，20 世纪 80 年代的“走向世界丛书”，先后由湖南人民出版社、岳麓书社出版。这个选题是湖南人民出版社一名近 50 岁才入职的编辑钟叔河提出来的，他认为改革开放了，大家都在说要睁开眼睛看世界，实际上中国人“开眼看世界”已经 100 多年了，近代以来就有很多人走向世界并且努力认识世界，写过不少文章，尽管那些文章有不少对国外很多事的不理解甚至误解，但也足以说明睁眼看世界是一个艰难的过程。他说统计了一下，大约已有 300 多种关于“开眼看世界”的书出版，其中至少有 100 种可以校订后重新出版，于是就有了“走向世界丛书”这个选题。这套丛书除了选题本身具有重要的学术价值，发表在每一本书前面的绪论也体现了很强的学术性，而这些绪论都是钟叔河先生撰写的。当时新华社的副社长李普读到了这些绪论，连夜写信给钟叔河予以激赏，并建议他出版绪论集，表示可以在新华出版社出版。钟叔河曾经托人送了几本书给钱锺书看，请钱锺书指教。钱锺书拿到这几本书后，认真看了绪论，后来请送书的人转告钟叔河，如果以后要出版绪论集，他可以为绪论集写序言。在此之前，钱锺书从不曾主动提出帮人写序言。杨绛后来告诉钟叔河，钱锺书主动提出为人写序言，“唯先生一人耳”。

由此可见，像钟叔河先生这样的出版人，学者专家会表示出应有的尊重和惺惺相惜。我们做出版的人，应该有自己的专业追求和学术能力，千万不要消解了自己的专业特长。

六、“蛙跳战术”处处可用

第二次世界大战太平洋战争期间，当时西南太平洋战区盟军总司令是麦克阿瑟。他指挥盟军夺回南太平洋被日本军队占领的岛屿。日本军队占领了上千个大小岛屿，盟军夺岛战斗伤亡惨重，一个一个岛屿去攻占，推进会非常缓慢，后来麦克阿瑟决定放弃攻击小岛屿，集中兵力攻击大岛屿特别是指挥岛屿、给养岛屿，占领制高点。这样一来，很多小岛屿由于缺少补给和指挥，纷纷举白旗投降。这就是著名的“蛙跳战术”。

我在人民文学出版社的时候，曾用“蛙跳战术”解决了当时我们面临的外国文学出版难题。1999 年，我到人民文学出版社做社长，发现社里很少引进当代外国文学作品，因为出版社经费困难，不敢轻易花钱购进外国文学的优质版权，只能一直重印《列夫·托尔斯泰》《巴尔扎克全集》这些经典公版书，可想而知，久而久之，将失去作为一家大社名社的竞争力和感召力。可是，在当代外国文学版权引进出版上，人民文学出版社已经落后于译林出版社，也落后于上海译文出版社，即使我们奋起追赶，一本书一本书去做，也很难赶超他们。这时，一个偶然的机会，我受到了“蛙跳战术”的启发，决定组织一个 21 世纪年度最佳外国小说的评选和出版项目。

这样的评选当然不能没有权威学术机构参与，我们很顺利地邀请到中国外国文学学会和若干国际主要语种的外国文学专业学会参与合作，从 2002 年开始评，每年度评选 5 ～ 7 种外国文学长篇小说佳作并翻译出版，在北京举行颁奖仪式，邀请若干获奖作家前来中国领奖并进行文学交流。坚持 20 年下来，人民文学出版社翻译出版了不少当代外国文学长篇小说佳作，也就有了一套成规模的外国长篇小说丛书。最重要的是，这样的评奖极大地提升了人民文学出版社的学术文化地位。尤其是在我们评奖中获奖的《乌拉尼亚》的作者勒·克莱齐奥、《夜半撞车》的作者帕特里克·莫迪亚诺和《悠悠岁月》的作者安妮·埃尔诺，后来陆续获得诺贝尔文学奖，从一定意义上也佐证了我们的评奖是具有国际眼光和评价水准的。

在许多行业，“蛙跳战术”都可用，这其实是站在巨人或者对手的肩上，更上一层楼的超越式创新。

七、精品书是改出来的

作者给我们的作品通常是不完整或者不完美的，好书都是改出来的。

明天出版社出版的绘本《团圆》，就是由儿童文学作家余丽琼创作并不断修改出来的精品好书。余丽琼在江苏少年儿童出版社做编辑，同时也是《东方娃娃》杂志的编辑，明天出版社的编辑请她写一本关于春节的绘本脚本，她前前后后写了 40 稿都不满意，最后余丽琼发现，不能只写春节，可以通过春节写家庭的团圆，因为家庭的团圆往往是春节的意义所在。于是她写自己小时候心目中的春节，就是爸爸从外地放假回来一家团圆的时刻。爸爸一年四季都在外地工作，只有到了春节才能够回来跟孩子团圆，爸爸回来团圆的日子多么可贵啊！春节过后爸爸又要去往外地工作了。一个团圆结束了，孩子又期盼着下一个春节。这是她孩童时期的深刻记忆。这本书后来被美国《纽约时报书评》列入当年年度世界儿童图画书榜单。

像这样的例子还有很多。比如上海人民出版社出版刘统的《火种：寻找中国复兴之路》。该书原稿交付的时候有60万字，编辑认为60万字太多了，会让读者望而生畏，提出书稿一定要做“瘦身”，并说服了作者压缩稿件。随后，编辑与作者一起来来回回沟通，打磨书稿，前后进行过10余次的审校，变成了现在的这部40万字的精品书。这部书很好地配合了党史学习教育的开展，并频频登上各地的学术书刊，后来获得了2020年度“中国好书”和第五届中国出版政府奖。

出版业高质量发展要落实在多出精品上。要多出精品，首先要有创新精神。创新首先是一种态度。“运用之妙，存乎一心”，这是《宋史·岳飞传》里的名言，说的是作战技术运用之妙在于思考。创新的关键点在于出版人养成不落俗套的思维方式，凡事不落俗套才具备创新的可能。出版创新要坚持传播人文精神，坚持传播的内容可理解且客观真实，坚持内容为王。做一本书早晚是要给人看的，书是好是坏，骗不过天下人的眼睛。古人说“文章千古事，得失寸心知”，而对于出版人来说，则是“文章千古事，得失天下知”，一书出手要对得起天下读者，对得起后来人。

聂震宁

毕业于北京大学中文系，获英国爱丁堡龙比亚大学名誉文学博士。第十、十一、十二届全国政协委员，系全国政协首份开展全民阅读活动提案的第一提案人。中国作家协会全国委员会名誉委员。曾任中国出版集团公司总裁，韬奋基金会理事长，人民文学出版社社长兼总编辑，广西新闻出版局副局长，漓江出版社社长、总编辑。出版有《书生行》《长乐》《暗河》等小说，以及《我的出版思维》《洞察出版》《韬奋精神六讲》《在朝内166号的日子里》《舍不得读完的书》《出版力》《阅读力》《阅读的艺术》《阅读力决定学习力》《爱上阅读》《致青年编辑的十二封信》《有书香的地方：中国全民阅读纪事》等专著。曾获首届庄重文文学奖、韬奋出版奖、中国出版政府奖先进人物奖、新中国60年百名优秀出版人物、新中国60年百名优秀出版企业家等多项奖励。系享受国务院政府特殊津贴专家。

后记

2020 年，广西出版传媒集团（以下简称“集团”）策划举办了“社长总编辑谈做书”沙龙活动；2021 年、2022 年、2023 年，又分别策划举办了“骨干编辑谈做书”“名家名编谈做书”“青年编辑谈做书”沙龙活动。在沙龙活动中开讲的分享嘉宾，既有集团里的优秀出版领军人才，在各自出版领域有独到体验的骨干编辑，饱含热情、充满活力的青年编辑，也有在全国出版行业中具有影响力的名编大家。他们的精彩分享，既有几十年行业经验的传授，又有浸润专业的深入思考，还不乏编辑方法论的启发，内容丰富，形式新颖，受到集团内外的广泛好评和喜爱。

为了让更多关心出版的社会各界人士，特别是出版界同人能一窥“社长总编辑谈做书”“骨干编辑谈做书”“名家名编谈做书”“青年编辑谈做书”沙龙活动的面貌，弥补此前因形势需要及场地所限不能亲临活动现场的遗憾，同时使交流碰撞出的思想得到更深层次的提炼和升华，也为巩固和展示沙龙活动成果，给沙龙分享者们今后的回忆提供珍贵的资料，我们组织人员将嘉宾分享的内容精心编辑整理，结集出版。成文的讲稿均由分享人员根据沙龙活动现场分享内容自行整理，力求保留最原汁原味的演讲实录（出版时文中部分内容有所更新，个别文章内容有替换）。

连续四年的“谈做书”沙龙活动成功举办，历时三年的书稿整理和出版工作，想要感谢的单位、部门和个人太多。

感谢集团旗下广西人民出版社、漓江出版社、广西教育出版社、广西科学技术出版社、广西美术出版社、接力出版社、广西金海湾电子音像出版社、广西《海外星云》杂志社的紧密配合和大力支持，感谢集团人力资源部和市场与阅读推广部的团结协作与默契配合，也感谢集团出版管理部的精心组织和统筹安排。

当然，“书道”系列图书能够顺利出版，离不开广西教育出版社的鼎力支持，离不开编校团队的认真编校，更离不开中国出版集团原总裁、韬奋基金会原理事长聂震宁先生作序推荐，在此一并表示诚挚的谢意。

希望“书道”系列图书对出版人特别是年轻编辑有所启迪、帮助。

编　者

2024 年 7 月于南宁